働き方改革関連法対応!

弁護士・社労士・中小企業診断士が教える

労働総量削減のための
制度&業務
改善戦略

グループフェニックス [著]

鷲澤充代 [代表]
梅谷友子　岸本 力　木谷典子
曽布川哲也　田島寛之
平松 徹（編著）

同友館

前書き

> 1) 充実した人生の一コマとしての、仕事生活を充実させる。
> 2) そのためには、業務改善を図り、ビジネスを効率化し、無駄な残業をなくし、生産性を高め、豊かな生活のための原資をうる。
> 3) 世にあるいろいろな仕組み、ツールなど確実に理解し、使いこなす。

　今いろいろな働きかた改革の本が出ています。そのほとんどは、残業を減らすことや、果ては残業ゼロつまり定時退社のお薦めばかりです。しかし、それで本当に良いのでしょうか。

　この点、グループフェニックスでも検討しました。

　確かに残業は社員の私生活との関係性、「ワーク・ライフバランス」の視点からだと良くないことも多いので、「残業ゼロを強調することこそが大切」との意見もありました。

　もともと、われわれフェニックスは「ノー残業プロジェクト」でスタートしました。

　しかし、

> **大事なことは、一人ひとりの社員が良い仕事をし、充実した時間を過ごすこと、その結果として、会社も繁栄することです。**

　残業が必要になることもあります。あるいは残業をしてでもやりたいこともある。研究職のいろいろな研究業務、企画マンや営業マンが成果を上げるために残業してでもやらないといけないことも多い。

　だからこそ、

> 物理的な労働時間だけが問題ではありません。
> 一人ひとりの生活を充実させることが大切であり、充実した仕事をするこ

i

> とが重要です。
> そのためには、仕事と私生活をうまくバランスさせる「ワーク・ライフバランス」が大切です。

　ワーク・ライフバランスとは、一人ひとりの社員の生活をより良くする為の一つのプロセスにすぎません。その延長線上には、最終目的として「一人ひとりの社員の充実した人生」があることを再度確認したいと思います。

> 会社の役割は、「ワーク」の時間を充実させることです。会社としてそのことに確実に取り組むことです。「ライフ」については、その時間を確保してあげるよう配慮することです。「ライフ」の時間まで首を突っ込んで、会社がお節介をしてはいけません。

　社員一人ひとりの「ライフ」の時間について配慮すること、「ライフ」の状況を理解し、充実した「ライフ」を皆が過ごせる様、会社ができることをする、この2点が会社の取り組むべき大切な事柄です。

　会社として業績を上げることの重要性は言うまでもありません。会社が赤字では、満足に給料も支払えません。そのためにも、業務改善をし、生産性を高めることは重要です。

　本書では、この点についても事例を含め提案をしています。参考にしていただければと思います。

1. ワーク・ライフバランスの重要性

　ワーク・ライフバランスで大切なことは、ワーク・ライフバランスは単純にバランスが良いということではないことです。

　仕事つまり業務の時間と私生活の時間をうまく時間的に切り分けてそれぞれを充実させることが大切です。

　業務の時間では、なるべく残業しないで、私生活にスムーズに移れるように

しないといけません。社員のニーズを大切にし、それを確実に把握し、そのニーズに応えるにはどうしたらよいでしょう？

> そのためには、制度設計が大事です。コミュニケーションを良くする。透明感のある組織が良いですね。上司は良く部下の話を聞き、部下も何かあれば必ず相談する、そんな組織が望ましい。会社としての相談窓口もあると良いですね。

そして、私生活にスムーズに移行できるために、業務改善をして残業はなるべくしないこと。そのためには業務改善や抜本的な業務の再構築（リエンジニアリング）が必要になります。業務プロセスは効率性と有効性の両方を併せ持たないといけません。

つまり1単位あたりの生産性をまず高めること、そして成果をなるべく多くあげることです。

業務改善における効率性の評価基準の一つは「意図した成果」に対する、「達成度合い」です。

顧客の要望に対してどの程度貢献できたか、役に立ったのかということが重要です。

まずあなたの会社がどのような状況か確認してみましょう。

自らの会社の自己診断を行ってみる事、立ち止まり振り返り、現実を直視することから全ての改革は始まります。

さあ、ご一緒に始めましょう。

下記の質問にお答えください。あなたの会社は ○は何個でしょうか。

2. 良い会社チェックリスト

	項目	具体的質問	評価 (○か×)
1	離職率	過去5年間平均の、正社員の転職的離職率は3％以下である。	
2	時間外労働	所定外労働時間をしっかり集計し、毎月10時間以下となっている。	
3	クレーム対応	発生したクレームはすぐに上層部に伝わり、対処する仕組みが機能している。	
4	コミュニケーション	経営者または部門の最高責任者が、社員一人ひとりの要望・意見に真剣に耳を傾けている。	
5	従業員との親密度合い	経営者または部門の責任者は、全社員の名前やおおまかな家族状況や趣味などを知っている。	
6	経営者行動	経営者は経営理念を念頭に置いた行動をとり、社内のだれよりも成長のための勉強や努力をしている。	
7	必要な諸規定の整備	就業規則や退職金制度、評価基準など社員に必要な諸規定は全て書式化・整備されている。	
8	休日・休暇制度	年次有給休暇取得率が70％以上または5日以上連続取得が可能な制度がある。	
9	全社員経営	経営に必要な指標や中長期経営を社員全員が把握し、個人の計画等にまで落とされ、定期チェックを行っている。	
10	会社に対する誇り	社員の多くが、子どもや後輩に自社への入社をすすめたいと思っている。	
			○の数 /10

これからは社員の働き方改革に配慮した会社運営が大切です。

「良い会社チェックリスト」で、○でなかった項目は、今後検討を要する項目です。それを頭に置き、この本を読み進めてください。

社員が充実した働き方をすることで、会社の事業運営もスムーズになり、業績も向上します。いろいろと事例をたくさん載せました。ぜひ参考にしてください。

目　次

第 1 章　企業の人手不足と過剰残業の現状、原因 …………………………… 1
　1. 人手不足 ……………………………………………………………………… 2
　2. 大手・老舗企業にも押し寄せる採用難の波 ……………………………… 3
　3. 外国人雇用 …………………………………………………………………… 4
　4. 過剰残業の原因とそのマイナス面 ………………………………………… 6

第 2 章　中小企業の身近に迫る労働基準監督署 ……………………………… 9
　1. 労働基準監督署の動き ……………………………………………………… 11
　2. 労働基準監督署の組織構成や役割 ………………………………………… 12
　3. 労働基準監督署間での情報共有 …………………………………………… 14
　4. "かとく" の設置 …………………………………………………………… 16
　5. 労基署調査による企業リスク ……………………………………………… 17

第 3 章　問題が生じた事例 ……………………………………………………… 19
　1. ブラック企業の事例 ………………………………………………………… 20
　2. 管理監督者の誤った運用 …………………………………………………… 24
　3. 固定残業代の誤った事例 …………………………………………………… 28

第 4 章　働き方改革関連法 ……………………………………………………… 31
　1. 働き方改革関連法の概略 …………………………………………………… 32
　2. 時間外労働の上限規制 ……………………………………………………… 35
　3. 中小企業への割増賃金の猶予措置廃止 …………………………………… 50
　4. 年 5 日の年次有給休暇の確実な取得 ……………………………………… 52

5. 高度プロフェッショナル制度の創設 ·· 56
　6. フレックス制の見直し ·· 58
　7. 勤務時間インターバル制度の普及促進 ·· 60
　8. 産業医・産業保健機能の強化 ·· 62
　9. 同一労働同一賃金 ·· 64

第5章　成果を出すためのプロセス管理／マネジメント管理 ················ 73
　1. 生産性とは ·· 74
　2. マネジメント管理（PDCA管理） ·· 79
　3. 成果を上げるための業務改善 ·· 85

第6章　業務改善の切り札「報連相」と「5S」そして「タイムマネジメント」···· 119
　1. 効果的なリーダーシップのためには、確実なコミュニケーションが必要 ···· 120
　2. 報・連・相 ·· 121
　3. 「5S」は業務効率化の最適ツール ·· 124
　4. タイムマネジメントとは ·· 131

第7章　IT機器を活かすことが業務効率化に大きく影響する ·············· 149
　1. 業務アプリ、ソフトを導入する ·· 150
　2. チャットアプリについて ·· 151
　3. Web会議について ·· 154
　4. タブレットの活用 ·· 155
　5. GPSも活用 ·· 159

第8章　テレワークで成果をあげる ·· 163
　1. 新しい働き方 ·· 164
　2. クラウドソーシングの利活用による業務効率化 ···························· 183

第9章　参考にしたい事例 ································· 193
　1．株式会社小林製作所（2016年版中小企業白書より）············ 194
　2．株式会社喜久屋（2017年版中小企業白書より）················ 196
　3．アース・クリエイト有限会社（2017年版中小企業白書より）········ 200
　4．株式会社ゼンショーホールディングス ····················· 201
　5．会社が大切にしなければならないのは「社員とその家族」········ 204

あとがき ·· 207

第1章

企業の人手不足と過剰残業の現状、原因

1．人手不足

　日本の総人口の年齢別分布は1990年に見られた年齢層の若い人たちが比較的多いピラミッド型から、今から約40年後の2060年には高齢者が多い竜巻型へと推移していくと予想されています。
　この人口分布の変化により、今後様々な影響が生じると考えられています。
　その一つが、現在よく耳にする少子高齢化です。
　少子高齢化とは若年層の数が減少し、高齢化が進むことを表しています。高齢化とは全人口に占める65歳以上の高齢者の割合が7％を超えたことを指し、日本では1970年において既に高齢化社会に突入しています。

> 平成28年の日本の高齢化率は27.3％であり、世界中で最も加速度的に高齢化への道を進んでいる国といわれています。

　有効求人倍率という言葉を聞いたことがあるかと思いますが、これは求人数（企業が求める人の数）と、求職者数（就職を希望している人の数）とが同じであれば1倍と表す、景気や労働市場の状況を表す値です。
　求人数÷求職者数で表され、1倍以上の数字で表されるということは求人数が求職者数より多いことを示しています。
　2016年の有効求人倍率では47全ての都道府県で1倍を超えています。
　さらに翌年、2017年1年を通じての全職業の数字は1.27倍、さらに2017年9月の有効求人倍率においては2.36人超、つまり2.36人の求人数に対して応募人数が1人しかない状態を表していて、この数字はバブルの頃を上回る勢いで伸びています。

　全ての雇用形態で求人数が求職者数を上回る状態となっていますが、特に常用的パートタイムの有効求人倍率が大きくなっています。
　パートタイマーがそれ以外の雇用形態の人に比べて人手不足が大きくなって

いるということです。

　このような雇用環境の中、中小企業では採用募集をするにも応募が少なく人手不足に陥っている企業が少なくありません。有効求人倍率が10倍近くに達する業種も出てきています。具体的には建設躯体工事業は9.62倍と最も人が集まらない業種となっていて、さらに建設業関係は4位が建築土木測量技師、5位が建設の業務、8位が土木の業務と上位を占めています。

　さらに、2019年春卒業予定の大学生の求人動向調査（リクルート社）では、300人未満の中小企業の求人倍率は9.91倍と過去最高となっています。

2．大手・老舗企業にも押し寄せる採用難の波

　最近では大手の運輸業界3位のヤマトHDが、『従業員からの長時間労働と未払いに関する告発』をきっかけに会社の体制を大きく変更したことも記憶に新しいと思います。

　大手でさえも運輸業は未曾有の人手不足にさらされている現状があります。若者の自動車離れから大型免許を持つ人の補充が困難となり、結果として今いる従業員への過重労働が発生するという社会的構造による不可避な問題が生じています。

　【千葉稲毛の『長沼交通』の破産】、【京都の『みのべ運送』の破産】、などドライバーの採用難に加え荷主からのコストダウン要請により経営が立ち行かなくなる企業も出てきています。

　老舗といわれるこれらの企業においても「人手不足倒産」が生じていることには驚きを隠せません。さらにこの「人手不足倒産」は運送業だけに限ったことではなく、情報サービス・建設・飲食といった業種にまでも確実に広がってきています。

　先に述べた2019年春卒業予定の大学生の求人動向調査（リクルート社）においては、業種別の求人倍率の差が拡大傾向にある事を示しています。メガバ

ンク等金融業界は0.21倍との相変わらずの狭き門ですが、建設業は9.55倍（前年は9.41倍）、流通業は12.57倍（前年は11.32倍）と確実に採用について厳しくなってきています。

　調査を行った同社からは「学生も働き方改革の流れを意識する中、『職場改善に向けての取り組みが遅れている』、とイメージ喚起される流通業や建設業に対して、敬遠する学生が増加している」との分析もされています。

　一方、帝国データバンクによる2018年4月発表の企業の人手不足の動向調査の回答を見てみると、ソフト受託などの「情報サービス業」では69.2％の企業が「不足」と感じており、「運輸・倉庫業」64.1％、「建設」64％、「飲食」63.6％、「放送」61.5％と6業種が6割台となっています。

　大手企業にしても例外ではなく、規模別での「大企業」でも57.2％で「不足」と感じており、1年前から比べ6.6ポイントの増加となり、人手不足感は切実な問題となってきています。

　これらの採用難を乗り切る為に大手企業でも様々な差別化が図られてきています。

　大手機械商社の「山善」では大卒総合職の月額給与を、2018年4月入社より21万2,000円から24万へと総合商社並みの水準へと引き上げています。また「トヨタ自動車」でも社員寮の建て替えの完成を、2019年1月を目途とし、建て替えを機に規模や設備の充実を図り、従業員への福利厚生の向上を図っています。

　今後ますます厳しくなる「人材採用」に向けて、『大手企業も含め、なお一層の企業努力が求められる時代』となってきています。

3. 外国人雇用

(1) 外国人雇用のポイント

　出入国管理法が改正されました。

> 改正法は、政府が指定した業種で一定の能力が認められる外国人労働者に対し、新たな在留資格「特定技能1号」「2号」を付与することが柱です。政府は介護や建設など14業種を検討の対象とし、5年間で最大約34万5千人の受け入れを見込んでいます。ただ、こうした主要項目は成立後に省令などで定めるとしています。(2018年12月9日現在)

労働人口が今後も減り続けることを考えると、外国人労働者の雇用は必要です。特に、建設業や飲食業など、人手不足で困っている企業が多いと思います。しかし、最も大切なことは、それぞれの企業がどのように、外国人労働者雇用に取り組むかです。雇用する外国人の方への配慮が大切になります。具体的なポイントは「法的手続きなどの確実な確認」、「労働条件・会社の状況の充分な説明・周知」「入社後の行動についてできる範囲で許容する」の3点です。

(2) 法的手続きなどの確実な確認

まず、在留資格の確実な確認が必要です。今までと同じですが、役所の発行する在留資格カードを確認します。また、ご本人が勤めてきた会社の「在籍証明書」なども大切な確認書類です。違法になるのを防ぐことがまず第一です。

(3) 労働条件・会社の状況の充分な説明・周知

異国で働く労働者の方には、いろいろと不安があります。その不安をぬぐってあげることが必要です。できるだけ文書を配布して説明することが求められます。

> 労働条件通知書、就業規則、会社案内を配付します。しっかり時間をかけ、そして丁寧に説明することが大切です。

仕事中に訓練するOJTも必要ですが、一回は集合教育を実施します。特に基本的なところをじっくりレクチャーすると良いですね。

(4) 入社後の行動についてのできる範囲での許容

　国によって違いますが、特別なときの里帰りを認めてあげるとか、イスラム圏の方であれば、礼拝の時間について認めてあげることなども必要です。またイスラム教徒の人にとっては、日本の普通の飲食店で食事をすることはなかなか難しいでしょう。それはイスラム教徒の聖典コーランに食べてもいいもの、すなわち「ハラールフード」が明確に定められているからです。

　お酒を飲むことは全面禁止、ワインを使ったフランス料理、みりんや日本酒を使った和食、ラム酒を使ったお菓子なども同じく禁止です。

　豚肉は全面的に禁止です。これは豚がイスラム教において、不浄な動物とされているためです。

　以上のような異文化面についての配慮が必要になります。

　懇親会など、社内コミュニケーションとして重要ですが、そのときに、「ハラールフード」について配慮してあげることなどが重要です。

4. 過剰残業の原因とそのマイナス面

　中小企業の残業問題は深刻です。大企業に比べ、人やお金の面で制約の大きい中小企業経営において残業をなくせと言っても難しい話です。

　しかし、過剰残業には原因があります。

> 1) 組織の長が帰らなければ、その下の担当者が帰れない……
> 2) 残業を行っている人の評価が高い……
> 3) 残業代で生活費の足りない分を補う……

　「組織の長が帰らなければ、その下の担当者が帰れない。」。これは残業は成果を出すため、あるいは仕事を確かなものにするためには欠かせないとの考えを皆が持っているという、組織の文化の問題です。

　早く帰ることに罪悪感が伴う…こんなこともあるかもしれませんね。

　しかし、周りを気にするのが日本文化です。周りが帰らないのに、帰るのは

なかなか難しい。これは日本人の肌感覚です。一遍には無くせません。組織として、方針としてきちんと打ち出すことです。「残業は悪」との価値観を組織の中に根付かせること、地道な取り組みが必要です。キャンペーンを張る、イベントを実施するなどいろいろと手はあります。

「残業を行っている人の評価が高い。」。これは、終業時間後も残って、つらいのに頑張っていることに対する評価です。「時間を掛けずに同じ成果を上げる」という生産性重視の視点が欠けています。苦労して残業しているのだから、それに報いるべき…との考え方です。これも社風の転換、意識改革が必要です。会社として方針を明確に打ち出し、それを徹底すること。ブレないこと。ここでもキャンペーン、イベントが有効です。

そして、残業代で生活費の足りない分を補う…。これは生活そのものにかかわるので、難しいですね。月次給与だけでは生活できない、だから残業する。これはやはり給与水準に問題があることになります。生産性を上げること。成果の高い会社になれば高い給料の支払いもできます。生産性を上げることは不可能ではありません。この本の中でいろいろと秘策を紹介しています。参考にして取り組みを進めてください。

そして、現在行われている定時業務終了後の時間外残業が、いかに業務の質の低下を招き効率性の低い働き方であるか、小室淑恵さんが次のようにインタビューに答えています。

〔インタビューア〕
　小室さんの著書『労働時間革命』に、人の集中力は朝起きて13時間しか続かない、とありましたね。
〔小室淑恵さん〕
　そうなんです。東京大学医学部の島津明人准教授は、人間の脳が集中力を発揮できるのは朝目覚めてから13時間以内であり、起床から15時間を過ぎた脳は、酒酔い運転と同じくらいの集中力しか保てない、と指摘しています。朝6時に起きた人なら午後7時には終了しちゃうんですね。

島津先生の指摘によれば、脳の集中力こそ仕事上最も大事な武器になるホワイトカラーのビジネスパーソンは、残業中の生産性が最も低いということです。最も生産性の下がった時間に、わざわざ1.25〜1.5倍もの割増残業代を払っているのは、お人よしの経営者だと思いますね。
出典：東洋経済オンライン（2016/11/19）

第2章

中小企業の身近に迫る労働基準監督署

【是正勧告を受けたある飲食店のお話】

　東京都内で社員50名程度を雇用していたある飲食業（Ａ社）のお話です。

　ある日突然、Ａ社の店舗に労働基準監督官が訪れ、「御社の労働条件について監督を行いますので、お時間よろしいでしょうか」と言われました。

　Ａ社の社長は労働基準監督官の指示通り、法定三帳簿（労働者名簿、賃金台帳、出勤簿）を提示したところ、「御社では法律で定められた割増賃金が正しく支払われていませんね。この是正勧告書に記載された内容について、期日までに是正して報告書を提出してください」と指導を受けました。

　その是正勧告書の中には『直近３カ月における時間外労働と深夜労働、休日労働の割増賃金の未払い分を遡及して支払うこと』といった内容が書かれていて、その総額は100万円を超える金額にもなりました。

　数日後、Ａ社の社長は労働基準監督署へ怒鳴り込み「こんな金額払ったらウチは潰れてしまうじゃないか！払わんぞ、こんなものは！」と強く主張しましたが、結局減額措置は認められず、やむなく全額を支払うこととなりました。

　Ａ社はちょうど同時期に売上が大幅に下がってしまい経営危機の状況だったところ、さらにこの予期せぬ出費により一時は会社が倒産寸前の状態にまで陥りましたが、今は何とか経営を立て直しています。

　Ａ社社長は、「それまでウチのような中小零細企業にまで労働基準監督官が来るとは思っていなかったし、知り合いの会社も残業代なんて払っていなかったから、大丈夫だろうと考えていた。でも、実際には労働基準監督官がやってきて、強い是正を受けるものなのだ、と今回学びましたよ。今は知り合いの社労士に労働関係のことはお任せしているから安心です」と今では笑いながら話をされています。

1．労働基準監督署の動き

『労働基準監督署』、ここ数年の間、誰もがこのフレーズを新聞やテレビなどで、頻繁に目や耳にされているのではないでしょうか。

例えば、社員に違法な過重労働を強いている、いわゆる"ブラック企業"に対し、「労働基準監督署による調査が入った」といったニュースは非常に目立つようになりました。

> ところが、中小企業経営者の中には"ウチは中小企業だから関係ないでしょ"と、他人事として考えているケースが、まだまだ多いように見受けられます。
> 今やこうした"我関せず"の認識を持っている経営者が経営する中小企業こそ、非常に高い潜在的なリスクを抱えているといえるでしょう。

実際に、労働基準監督署から労働基準監督官が企業現場へやってきて、長時間労働の是正や多額の未払い残業代の遡及支払いなど、是正指導や是正勧告と呼ばれる厳しい指導を受けるシーンを我々のような士業コンサルタントは数多く見てきています。

是正指導や是正勧告を受けた企業は、労働基準監督官が示す期限内に是正の対応及び報告を行う必要があります。

それまで経営者の指示で残業代を支払わずサービス残業により何とか業務をこなしてきた企業などは、それも出来なくなります。

また、多額の未払い残業代の遡及支払いにより、企業経営そのものが継続困難に陥ってしまうことも珍しくありません。

最悪のケースでは、過重労働が原因で、社員が疾患（主に脳血管疾患や虚血性心疾患等）による死亡、あるいはうつ病などの精神疾患による自殺にまでつながることもあります。

企業側は安全配慮義務違反を問われ、遺族から多額の損害賠償請求を受ける

だけではなく、他の社員への心理的ダメージや取引先など外部へのイメージ悪化は避けられず、経営者にとって致命的な影響を受けることは間違いありません。

2. 労働基準監督署の組織構成や役割

　それでは、労働基準監督署というのは一体どのような組織で、どういった役割を持つ機関なのでしょうか。

　従業員を雇用する経営者にとっては最低限知っておくべき内容であり、認識しておくだけでも企業経営に役立つことは間違いありません。

　労働基準監督署は、厚生労働省の第一線機関であり、現在全国に約320署ほどあります。

　内部組織は、労働基準法などの関係法令に関する各種届出の受付や、相談対応、監督指導を行う「**方面**」(**監督課**)、機械や設備の設置に係る届出の審査や、職場の安全や健康の確保に関する技術的な指導を行う「**安全衛生課**」、仕事に関する負傷などに対する労災保険給付などを行う「**労災課**」、会計処理などを行う「**業務課**」から組織構成されています。

　一般的に労働基準監督署による調査と呼ばれるものは、「方面」(監督課)の担当業務になっており、労働基準監督官による『臨検監督(監督指導)』がそれを指します。

　また、労働基準監督官には司法警察官としての大きな権限があり『司法警察事務』も担当しますが、それぞれの詳細を次に紹介しておきます。

【臨検監督(監督指導)】
　労働基準法などの法律に基づいて、定期的にあるいは働く人からの申告などを契機として、事業場(事務所や工場など)に立ち入り、機械・設備や帳簿などを調査して関係労働者の労働条件について確認を行います。
　その結果、法違反が認められた場合には事業主などに対しその是正を指

導します。また、危険性の高い機械・設備などについては、その場で使用停止などを命ずる行政処分を行います。

【司法警察事務】

事業主などが、度重なる指導にもかかわらず是正を行わない場合など、重大・悪質な事案については、労働基準法などの違反事件として取り調べ等の任意捜査や捜索・差押え、逮捕などの強制捜査を行い、検察庁に送検します。

さらに、臨検監督というものが実際にどのような流れで行われるかも注目すべき点であり、経営者として知っておくべき内容です。臨検監督の一般的な流れは以下の通りとなります。

1) 「主体的・計画的に対象事業場を選定」「労働者からの申告」「労働災害の発生」→臨検監督先を選定
2) 「労働基準監督官が事業場へ訪問」(「事業場への立入調査、事情聴取、帳簿の確認など」) ※法違反が認められなかった場合は指導終了。
3) 法違反が認められた場合は「是正勧告・改善指導・使用停止命令等」の指導になります。
4) 「事業場からの是正・改善報告」「再度の監督実施」
   改善の報告をしたときは、証拠書類の提出も必要になります。例えば、未払い賃金であれば、支払った証拠などを添付しなければなりません。
   ※「是正・改善が確認された場合は指導終了。
5) 「重大・悪質な事案の場合⇒送検」

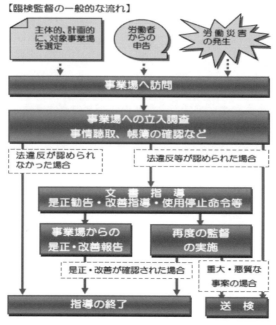

出典:厚生労働省「労働基準監督署の役割」より

3. 労働基準監督署間での情報共有

　それでは、労働基準監督署が問題のある企業に対して監督を行った実績や、監督の際に監督官によりどのような指導および勧告がされたかといった情報は、いったいどのように管理されているのでしょうか。

　実はインターネットがまだ普及していなかった時代、労働基準監督官が企業へ対して行った監督の内容や、監督に対する企業の是正対応・報告の情報については、管轄の労働基準監督署で管理され、各労働基準監督署同士で共有することは難しい状況でした。

第2章　中小企業の身近に迫る労働基準監督署

また、そうした労働基準監督署内での情報共有が徹底されていなかった状況では、労働基準監督官がひとつの事業場に対して監督を行い、それに対して適切な是正が進んだとしても、同じ企業が経営する他県の事業場では違法な過重労働が行われているまま、といった事例も見受けられました。

> ところが現在では労働基準監督署内に「労働基準行政情報システム」という専用システムがあり、全国の労働基準監督署間でネットワークを繋ぎ、最新情報が共有されています。

以下の仕組みにより、各事業場に対して労働基準監督官が行った指導や勧告などの内容を全ての労働基準監督官が把握し、日頃の監督業務に役立てています。

【労働基準行政情報システムの仕組み】
○それぞれの事業場が、個別事業場情報管理のサブシステムにより登録され、ここに様々な情報が貼りつけられています。
○たとえばA社のB支店という事業場があれば、まず基本情報として、労働保険や労働者数、労働時間などの情報が入っており、B支店に絡んで、本社や各支店を結合する企業全体情報というシステムを用いて、関連する事業場を登録します。
○監督を実施したら、監督結果等情報のシステムを用いて監督復命書を作成し、データはそのまま登記されます。
○申告処理を行う際にもその処理経過など、申告情報管理システムを使って入力します。
○就業規則、36協定、預金管理状況報告、健康診断結果報告、安全衛生管理体制報告など各種報告が出されたら、OCI（Optical Character and Image Reader）を使って、そのままデータを登記します。
○労働者死傷病報告が出されたら、それも同様に入力し、司法捜査を行い、送検したら、その結果も入力します。次々に各監督署においてデータを

入力することで情報の蓄積を行い、その情報を共有することになります。
○臨検監督を拒否したといったことがあれば、その情報もわかり、次にそういう形で問題が出てくれば、知らない会社であっても、すぐに事件としで取り組むべき企業かどうかが、わかることになります。そのため、異動などで新たな監督署に勤務することになっても、データを確認すれば、管内の企業情報はすぐ分かる仕組みになっています。

4."かとく"の設置

国が本気で長時間労働撲滅に取り組む象徴として「過重労働撲滅特別対策班（通称"かとく"）」が設置されています。

> かとくは、2015年より東京労働局と大阪労働局に新設され、過重労働事案であって、複数の支店において労働者に健康被害のおそれがあるものや犯罪事実の立証に高度な捜査技術が必要となるもの等に対応する、スペシャリスト集団です。
> 同班に配属されたのは、労働基準監督官（東京に7名、大阪に6名）です。さらに2016年4月以降は、本省に「過重労働撲滅特別対策班」が新設され、47局において、「過重労働特別監理監督官」が新たに任命されています。本省に対策班を設けて広域捜査の指導調整を行い、労働局においては長時間労働に関する監督指導等を専門とする担当官が任命されたことで、より一層長時間労働撲滅への対策が強化されたことが分かります。

違法な長時間労働を強いる企業のなかには、パソコンに保存された労働時間のデータを改ざんするなど悪質なケースも多いことから、それに対応するための高度な捜査技術が必要となります。かとくは専門機器を用いてデータの解析を行い、過重労働が認められる企業などに監督指導や検査を行っていきます。企業としてはさらなる労働時間の短縮が求められているといえるでしょう。

5. 労基署調査による企業リスク

　これまで述べてきた通り、労基署調査による企業リスクはとても大きく、過重労働対策を怠ることにより企業存亡の危機を招いてしまいます。
　リスクの内容をまとめると、

> 1) 過重労働で健康障害を発症した者が出てしまうと、まず臨検監督が実施され、労働時間などの管理が行われていなければ捜査される。
> 2) ノウハウの蓄積や局署間の連携により、送検までのスピードは以前よりも速まり、新聞やテレビなどの報道にもなりやすい。
> 3) 送検事業場は一定期間社名がホームページ上で公表されるため、役所認定のブラック企業リスト名簿に掲載された企業ということで、就職活動中の者からは応募を避けられることになる。
> 4) 過重労働問題に対するコンプライアンスも各企業で強化されていくために、過重労働を引き起こした企業ということで、取引の縮小や停止も考えられる。

といったことが挙げられます。
　このように、これからは過重労働の対策を行わない企業は淘汰されると考えて、経営者はこれまで以上に危機感を持ってぜひ自社を見直しましょう。

〔参考文献〕
原論『労基署は見ている。』日本経済新聞出版社、2017年

第3章

問題が生じた事例

1．ブラック企業の事例

　近年、法律のルールを無視して社員に過重労働を強いる企業は、"ブラック企業"と呼ばれています。未払いの残業代を後から請求された場合、会社にとって財務上大きな痛手になる場合もあります。

> 特に悪質なケースについては、労働基準監督署によって刑事事件化され、ニュースとして報道されることによって世間にも知られることになり、企業にとって大きなダメージになります。
> 特に中小企業にとっては会社の存続に関わるといっても過言ではないでしょう。

　働き方改革が叫ばれている現在、法律のルールを無視する企業はもはや「論外」と烙印を押されてしまいます。中小企業だから問題ないだろうという考えは到底通用しません。

　ここでは、過重労働を強いた結果、社員が自殺した過労自殺の事例と長時間労働の事例でいずれも刑事事件化された悪質なケースを紹介します。

(1) 過労自殺
①電通女性社員過労自殺事件

> 「仕事も人生も、とてもつらい。今までありがとう」…。
> 2015年のクリスマスの早朝、東京で1人暮らしの高橋まつりさん（当時24）から静岡県に住む母幸美さん（53）にメールが届いた。
> 慌てて電話し、「死んではだめよ」と話しかけると、「うん、うん」と力ない返事があった。数時間後、まつりさんは自ら命を絶った。

　2016年9月30日、三田労働基準監督署は、株式会社電通に勤務していた女性新入社員の当時24歳だった高橋まつりさんが2015年末に自殺したのは、長

時間の過重労働が原因だったとして労災を認定しました。

なお、電通では1991年にも入社2年目の男性社員が、長時間労働が原因で自殺し、遺族が起こした裁判で最高裁判所は会社側の責任を認定しています。この判決は、過労自殺で会社の責任を認める司法判断の流れを作るものになりました。

> まつりさんは大学を卒業後、2016年4月に電通に入社。インターネット広告を担当するデジタル・アカウント部に配属されました。
> 同年10月以降に業務が大幅に増え、労基署が認定した女性社員の1カ月（10月9日～11月7日）の時間外労働は約105時間にのぼりました。まつりさんは2016年12月25日、住んでいた都内の電通の女子寮で自殺しました。
> その前から、SNSで「死にたい」などのメッセージを同僚・友人らに送っていました。三田労基署は「仕事量が著しく増加し、時間外労働も大幅に増える状況になった」と認定し、心理的負荷による精神障害で過労自殺に至ったと結論づけています。

また、電通には、労働基準法違反として、2017年10月6日に東京簡易裁判所から罰金50万円の判決が言い渡されています。これは、まつりさんの過労自殺は電通の責任ということが、法的に立証されたということです。

> 個人の人権生存権が、会社によって侵害されたということ。人の幸福を奪う権利は、他者にはありません。本来奪われてはいけない人権が企業によりないがしろにされてきたことが今確実に問われています。

(2) 長時間労働
①靴の専門店チェーンA社事件

2015年7月2日、靴の専門店チェーン大手であるA社と同社役員、店舗責任者などが、労働基準法違反で東京労働局に書類送検されました。A社は、

社員に月100時間前後という違法な長時間残業を強いたとされており、これまでの東京労働局による度重なる指導や勧告でも改善がみられませんでした。この事件は、2015年4月に東京労働局に新設された「過重労働撲滅特別対策班」（通称・かとく）による初の書類送検事例でした。

"かとく"は、政府がいわゆる"ブラック企業"対策の目玉として、東京労働局と大阪労働局にそれぞれ労働基準監督官のエキスパートを集めてつくった専門チームです（16ページ参照）。

> A社という世間で良く知られた企業が過重労働を強いていたとして、大きなニュースになりました。
> 企業イメージに与えるマイナスの影響には、きわめて大きいものがあったといえます。

② S運輸株式会社事件

2017年2月、京都南労働基準監督署は、トラック運転者に36協定を超える違法な時間外労働をさせたとして、機械運送業のS運輸と同社代表取締役を労働基準法第32条（労働時間）違反の疑いで京都地検に書類送検しました。1人当たりの時間外労働は最大で月110時間20分に及びました。

S運輸は、2015年8～11月の3カ月間、トラック運転者2人に対し、36協定で定めた1日5時間、1カ月80時間の延長限度を超える違法な時間外労働をさせていました。1人当たりの時間外労働は最大で1日9時間30分、月110時間20分にも上り、総労働時間は月273時間に達していました。

S運輸は、労働基準監督署からこれまで3回の指導を受けており、それでも改善が見られなかったとして労基署が刑事事件化したものです。

> この会社は社員30名ほどの中小企業ですが、悪質な過重労働については刑事事件になるということが示されたケースです。刑事事件になったということにきわめて大きな意味があります。

③ラーメンK事件

> 2017年4月、天満労働基準監督署は、関西や東京でラーメン店など41店舗を展開するラーメンKが、店長ら4人に違法な長時間労働をさせていたとして、同社と専務取締役を労働基準法違反の疑いで大阪地検に書類送検しました。

同社は2016年4月3日から4月30日まで、時間外労働や休日労働に関する協定を結ばずに、20～30代の男性店長ら4人に最長で月約200時間の残業をさせていました。ほかにも同期間に最長約230時間の残業をしていた社員もいました。飲食業は、営業時間の関係で長時間労働になりがちです。しかし、だからといって法律違反は許されるものではありません。

> この事件から言えることは、悪質なケースについては業態を問わず刑事事件化されるということです。
> 経営者には法律違反を絶対にしないという確固たる決意と、本書で紹介している様々な業務改善を参考に、業務の仕組みとルール作りをすることが求められます。

ちょっとCoffee Break！
『改正民法の時効について』

　2017年6月に公布され、2020年4月1日施行される改正民法では、消滅時効（権利を行使しない状態が一定期間継続することによって権利消滅の効果が生じる）に関して改正が行われました。大きな改正は以下の2点です。

1) 債権の消滅時効期間と起算点の変更
2) 特別な短期消滅時効の廃止

1）債権の消滅時効期間と起算点の変更については、原則として、債権は債権者が権利を行使することができることを知った時から5年間、又は、権利行使することができる時から10年間で時効消滅する（改正法166条1項）ことになりました。

　商事消滅時効に関する商法の規定は削除されますので、改正民法166条1項は、民事・商事を問わず適用されることになります。

　この原則に対する例外の主なものとして、人の生命・身体の侵害による損害賠償請求権の消滅時効については、長期が20年間、不法行為による損害賠償請求権の消滅時効については現行民法を維持し、短期3年間、長期20年間とされました。

2）特別な短期消滅時効の廃止について、現行民法では、売掛金の時効期間は2年間、飲み屋のツケは1年間など細かく規定されていますが、現代社会では特段合理性がないことから、廃止されることになりました。

2．管理監督者の誤った運用

(1) 管理監督者で問題が生じた事例

ある企業から次のような相談を受けました。
・管理監督者として運用していた方が自己都合退職をした
・退職後本人が労働基準監督署へ、自身の割増賃金が支払われていないことを相談に行った
・その後労働基準監督署から問い合わせがあり、遡及して割増賃金を支払うよう要請された
という事案です。

　会社側の言い分としては、

> 1) 本人は役職が部門長
> 2) 家族の介護もあり、勤務時間については自己判断の下で大幅に裁量がある
> 3) 出勤時間が午後からのことも1ヶ月に数回あった
> 4) 部下の採用・解雇に関しての裁量権があった
> 5) 部門長として会社の中枢（商品開発）に携わっていた
> 6) 報酬に関しては役職手当も含むと月額60万円ほどで、一般従業員への時間外支払時においても逆転現象（一般従業員の賃金額が本人の金額を超える事）は生じたことが無い
> 7) 夜間の10時以降の労働時間は生じていない為（深夜割増）は生じていない
> 8) 有給休暇の請求は時季変更をすることなく、すべて認めていた

　これらを総合的に考慮するに労働基準監督官も管理監督者として疑義は生じないとの判断でした。しかし、『本人が監督署へ相談に来るという事実は、本人に管理監督者であることについての意識を持たせることが出来なかったことに会社側の管理上の問題がある』との指摘を受けることになりました。

　さらに、過去2年間の賃金台帳を提出した際、過去の年度においてたった一度だけ、「皆勤手当」を一般従業員と同様に支給していたことを指摘されました。

　会社側の理由として、総務担当者がその時期に新任となり、引継がしっかりと行われておらず、一般職の『皆勤手当』を間違って支給してしまっていたとのことでした。

　勤怠に関する手当の支給は管理監督者にはなじまないとの判断を労働基準監督署から受け、さらに年度を超えた際に修正を掛けなかったことをもって、会社側の管理が出来ていないとの指導を受け、最終的に割増賃金の支払いが命じられることとなりました。

その他の管理監督者としての条件は整っていたにも関わらず、たった1ヵ月の「皆勤手当」の支給だけで、2年分の時間外の遡及が求められたこの事案は、やはり管理監督者の運用の困難さを象徴したものだと思います。

本人に自覚を待たせる為にそれ以後この会社では、管理監督者に対しては覚書を作成することとしました。

管理監督者の運用はハードルがかなり高いということです。

(2) 労働基準法41条　時間外・休憩休日の適用除外について

「管理監督者」と聞くと「名ばかり管理職」というとマクドナルドの店長の裁判を思い出します。

労働時間には法定労働時間という枠があります。これらは日および週の労働時間に当たり割増を付けすに働かせることが出来る時間です。

基本1日8時間、1週で40時間であり、これらを超えて働く場合には超えた時間に対して時間外割増として時間単価あたり25％の割増率を加算して支給することが定められています。

この時間外割増に対する例外的な運用が労働基準法41条に定められています。

つまり、「ときと場合によっては時間外割増や休日割増を付けなくてもいい場合がある」という例外規定です。

1項は業種によって、2項は地位によって、3項は労働の種類によって例外規定があることを示しています。

(労働時間等に関する規定の適用除外)
第41条　この章、第六章及び第六章の二で定める労働時間、休憩及び休日に関する規定は、次の各号の一に該当する労働者については適用しない。
1　別表第一第六号（林業を除く。）又は第七号に掲げる事業に従事する者

> 2 事業の種類にかかわらず監督若しくは管理の地位にある者又は機密の事務を取り扱う者
> 3 監視又は断続的労働に従事する者で、使用者が行政官庁の許可を受けたもの

　ここでは第2項「管理監督者」の場合の例外について労働基準監督署の見解と運用上の注意点について書きます。

(3) 適用できる管理監督者についての理解

　「何らかの役職がついていて、部下がいれば管理監督者である」との間違った認識を持っていると、運用としてはアウトです。多くの場合未払い賃金が発生している状況になっていると思われます。
　それでは、どのような人が管理監督者としての運用が可能なのでしょうか。

> 1) 経営者と一体的な立場で仕事をしている（職務内容、責任と権限）
> 2) 出社・退社・勤務時間について厳格な制限を受けていない（勤務態様）
> 3) その地位にふさわしい待遇がなされている（賃金等の待遇）

　具体的には、

> 1) 採用・解雇・人事考課・労働時間管理にかかる権限があるか否か
> 2) 遅刻・早退による減額がなく、労働時間の自由度があり、労働時間規制を受けない
> 3) 時間外を支払うまでもなく待遇に優遇措置が取られていて、賃金総額および勤務時間当たりの単価が他の従業員を上回っている

という実態が必要となります。
　時間外労働や休日労働を支払わなくてよいということは、『昼夜時間を問わず会社の運営に関わっている職務であることが必要であり、時間管理が出来ない』ということを表しています。

これらのことを勘案すると、かなり適用範囲が限定されることは明らかです。
　労働基準監督署の是正事例の中に「社員の７割以上の係長職以上の者を管理監督者として取り扱った事例」があります。
　この場合の多くの対象者は、上記の管理監督者の要件に当てはまらず、是正勧告の対象となりました。

> 単なる役職者の肩書だけでは運用はできず、実質的な権限とそれに見合う賃金が支払われて初めて運用が可能となります。管理監督者を運用している企業は、今一度適切な運用がされているかの確認が必要です。

3．固定残業代の誤った事例

(1) 固定残業代制を誤って運用していた企業の例

> 　都内で数店舗の飲食店を経営しているA社では、店舗で働く従業員に対し、時給制のアルバイト以外の正社員については『基本給のみ』を毎月支払っており、特に残業代や深夜割増、休日割増などの手当は支払っていませんでした。
> 　A社は従業員を採用する際、従業員本人に対して「ウチは飲食店で客商売だからある程度の長時間労働は業界的にも当たり前。あと、基本的に残業時間とか残業代の支払いという考え方はないからね。まあ、残業した分も基本給に含めてまとめて支払う感じだと思ってもらえればいい。だから基本給以外に手当とかは支給しないけど、その前提で働くようにね。分かったら雇用契約書にサインしてください」と事前に説明して同意を得ていました。

　実際にA社はこうした運用で数年間会社を経営してきており、従業員も納得した上で入社して働いていたこともあり、これまで特に問題などが発生したこともありませんでした。

ところがある日、管轄の労働基準監督署からA社宛てに通知が届き、「退職した元正社員のBさんから、在職時に本来支払われるべき残業代が適正に支払われていない、という申告がありました。内容を確認させていただく為に賃金台帳やタイムカードなどを持参のうえ来所してください」と呼び出しがありました。

A社の社長は指定された日時に管轄の労働基準監督署を訪れ、「ウチは飲食店だよ。客商売なんだから一定の長時間労働は当たり前でそもそも残業代なんていう考え方はないし、基本給にも予め残業代を含めた金額で支払っているつもりだし、採用する際にも事前にBさん本人に説明して同意までとっていましたよ！なのになんで今更こんなことを言ってくるんだ‼おかしいだろ」と声を荒げて説明しました。

しかし、担当の労働基準監督官からは『それは固定残業代制という意味合いでご認識されていたのかもしれませんが、実際にお持ちいただいた賃金台帳などにも基本給での支給しか確認がとれませんし、これでは何時間分の固定残業代が毎月支払われていたのかが分かりませんね。

もし残業代を毎月固定的に支払うのであれば、基本給と明確に分けておかないといけません。従いまして、Bさんに対しては基本給を元に時給を算出した上で、過去2年分の残業代を別途支払う必要があります』と言われてしまいました。

さらに『残業代をきっちり支払ってないということは、長時間労働を助長することにもなりかねないので悪質ですよ』とまで指導を受けました。

これに対してA社の社長は「そんなのおかしいだろ！ウチは絶対に支払わないからな！」とひどく怒った様子でその日は帰ってしまいました。

結果的には、数日後に改めて労働基準監督署からA社宛てに電話があり、再度Bさんに対する未払い残業代の支払いについて強い指導が入り、社長は知り合いの社労士にも相談したところ支払いは免れないと認識して、泣く泣くBさんに総額「約80万円」の未払い残業代を支払って事態はようやく収束す

ることになりました。

　A社はこのような苦い経験を活かし、今では毎月20時間の固定残業代を基本給と明確に分けて支給することとした上で、会社として労働時間管理もきっちり行い、20時間を超えた分は別途残業代を支給しています。

> しかし、労働時間管理を徹底することで今までより従業員の労働時間も短縮されました。そして効率化も強く意識するきっかけになった為に、売り上げは以前より増えているということです。

(2) 固定残業代とは

　この固定残業制、近年多くの企業で見られるようになりましたが、残業代を予め○時間分の「固定残業代」として基本給以外に手当として別途支給することで、残業代の抑制および人件費の事前予測を容易にする等の目的で導入された制度です。

　なお、固定残業代制を採用する場合は募集要項や求人票などに、次の1)～3)の内容を全て明示しなくてはなりません。

> 1) 固定残業代を除いた基本給の額
> 2) 固定残業代に関する労働時間数と金額等の計算方法
> 3) 固定残業時間を超える時間外労働、休日労働および深夜労働に対して、割増賃金を追加で支払う旨

　また、2017年7月に厚生労働省労働基準局から出された通達等から、固定残業代制を導入する場合の留意点として『固定残業代に相当する残業時間数および金額を雇用契約書や給与明細書などを書面で明示すること』や『通常の労働時間の賃金に当たる部分と割増賃金に当たる部分とを明確に区別できるようにしていること』など、厳格な運用が求められています。

第4章

働き方改革関連法

1. 働き方改革関連法の概略

　2018年6月29日に「働き方改革関連法案」（働き方改革を推進するための関係法律の整備に関する法律）が参院本会議で可決・成立し、同年7月6日に公布されました。

　この法律は、労働基準法や労働契約法、パートタイム労働法など計8本の法律を改正するもので、企業の労務管理に大きく影響するものです。

　日本の年平均労働時間は、欧州諸国と比較して長く、また、時間外労働（40時間／週　以上）者の構成割合が高く、特に49時間／週　以上働いている労働者の割合が高いというデータがあります。

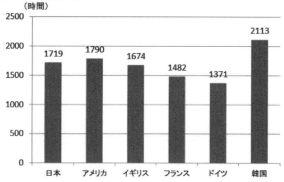

（資料出所）労働政策研究・研修機構「データブック国際労働比較2017」

＜事務局注＞
※　年平均労働時間は、2015年の各国の就業者一人当たりの年間労働時間を示す。
※　フランスのみ推計値

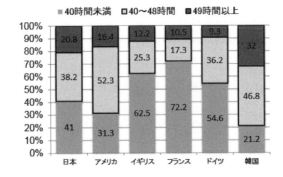

○長時間労働者の構成比（週当たりの労働時間）

（資料出所）労働政策研究・研修機構「データブック国際労働比較2017」
ILO「ILOSTAT Database」

＜事務局注＞
※ 長時間労働者の構成比については、2016年の各国の就業者一人当たりの週労働時間を示す（アメリカは2013年、日本・韓国は2015年）。データは、ILO「ILOSTAT Database」による。
※ 端数処理のため、計100％とはならない（ドイツ）。

　また、「少子高齢化に伴う生産年齢人口の減少」「育児や介護の両立など、働く人のニーズの多様化」などの状況に直面しています。
　こうした中、労働者がそれぞれに事情に応じた多様な働き方を選択できる社会を実現する働き方改革を総合的に推進するため、長時間労働の是正、多様で柔軟な働き方の実現、雇用形態にかかわらない公正な待遇の確保等のための様々な措置を講じることを目的として、今回の改正が行われました。

要点（主な改正項目）		
改正項目		施行日
Ⅰ．働き方か改革の総合的かつ継続的な推進		
働き方改革に係る基本的な考え方を明らかにするとともに国は「基本方針」（閣議決定）を定める		2018年7月6日
Ⅱ．長時間労働の是正、多様で柔軟な働き方の実現等		
残業時間の上限規制の導入	残業は年720時間、月100未満または2〜6ヶ月平均80時間まで。罰則もある	大企業　2019年4月1日 中小企業2020年4月1日
中小企業への割増賃金率の猶予措置廃止	中小企業に対しても、月60時間超の残業には50％の割増賃金率の支払を義務化	中小企業2023年4月1日
年5日の年次有給休暇の確実な取得	年次有給休暇のうち5日について、毎年時季を指定して与えることを企業に義務付け。罰則もある	2019年4月1日
高度プロフェッショナル制度の創設	一定の年収以上で特定の高度専門職を労働時間の規制から除外	2019年4月1日
フレックスタイム制の見直し	フレックスタイム制の精算期間の上限を3ヶ月に延長	2019年4月1日
勤務時間インターバル制度の普及促進	終業から翌日の始業までの間に一定時間の休息を確保すること（努力義務）	2019年4月1日
産業医・産業保健機能の強化	従業員の健康管理に必要な情報提供を企業に義務付け	2019年4月1日
Ⅲ．雇用形態にかかわらない公正な待遇の確保		
同一労働同一賃金	正規・非正規労働者間の不合理な待遇格差の禁止	大企業　2020年4月1日 中小企業2021年4月1日

【中小企業の範囲】

業　種	資本金の額 または出資の総額	または	常時使用する労働者
小売業	5,000万円以下	または	50人以下
サービス業	5,000万円以下	または	100人以下
卸売業	1億円以下	または	100人以下
その他	3億円以下	または	300人以下

2. 時間外労働の上限規制

　毎月勤労統計調査から年間総労働時間の推移を見ると、1996年から2004年頃にかけて時間外労働は減少しました。更に2008年のリーマンショックの影響により景気が悪化し、所定内・所定外労働時間がともに減少し、2009年度には初めて1800時間を下回りました。しかし、これはパートタイム労働者の比率が高まったのが要因であり、一般労働者の総労働時間は2000時間に近い水準で推移しています。特に事業所規模が小さいほど年間休日総数を少なく設定する傾向があり、総労働時間は長くなっています。

　このような長時間労働が、脳・心臓疾患やメンタルヘルスなどの健康障害の原因となるだけでなく、仕事と家庭生活との両立を困難にし、少子化の原因や、女性キャリア形成を阻む原因、男性の家庭参加を阻む原因となっており、長時間労働の削減は喫緊の課題となっています。このため、時間外労働の上限規制の見直しが行われました。

(1) 労働時間の定義

　会社が時間外労働を正しく管理していくためには、労働時間の定義を理解する必要があるので、まずは労働時間について説明します。

　2017年1月20日に「労働時間の適正な把握のために使用者が講ずべき措置に関するガイドライン（以下、ガイドラインという）」が策定されました。このガイドラインでは、労働時間の定義を「**労働時間とは、使用者の指示命令下に置かれている時間**のことをいい、使用者の明示又は黙示の指示により労働者が業務に従事する時間は労働時間に当たる」としています。更に以下の時間は労働時間に該当すると例示しています。

> 1) 使用者の指示により、就業を命じられた業務に必要な準備行為（着用を義務付けられた所定の服装への着替え等）や業務終了後の業務に関

> 連した後始末（清掃等）を事業場内において行った時間
> 2）使用者の指示があった場合には即時に業務に従事することを求められており、労働から離れることが保障されていない状態で待機等している時間（いわゆる「手待時間」）
> 3）参加することが業務上義務づけられている研修・教育訓練の受講や、使用者の指示により業務に必要な学習等を行っていた時間

つまり、実際に業務をしていなくても、使用者の指揮命令下にあると考えられる時間は労働時間になる、という事です。また、その指揮命令が暗黙のうちになされていたと判断される場合も労働時間に該当します。

また、ガイドラインでは管理監督者やみなし労働時間制が適用される労働者は対象外となっていますが、今回の改正においては、長時間労働者に対する医師の面接指導の履行確保を図るため、これらの方の労働時間の状況（いかなる時間にどのくらいの時間、労務を提供しうる状態にあったかという概念）についても把握しなければならないことになりました。

そして労働基準法では、「使用者は労働者に、休憩時間を除き、1日8時間、1週40時間を超えて労働させてはならない。」と定められています。この「1日8時間、1週40時間」を法定労働時間といいます（常時10人未満の労働者を使用する商業・理容業、興業、保健衛生業、接待娯楽業は1週44時間）。

法定労働時間を超えて労働させることは、労働基準法違反となるのですが、殆どの会社には、時間外労働及び休日労働があります。これは、「時間外労働・休日労働に関する協定書」（以下36協定という）を労使で締結し、行政官庁（所轄労働基準監督署長）に届け出ることで、法定労働時間を超えて労働させることができるからです。ただし、法定労働時間を超えた時間については、割増賃金を支払う必要があります。

(2) 36協定

前項で述べたように、36協定を締結し監督官庁に届け出れば、労働時間を

延長することができます。ただし、この延長できる時間にも規制があります。厚生労働大臣の告示により、「1ヵ月45時間、1年360時間」などと定められており、延長時間はこの規準の範囲内で定めることになります。しかし、告示には強制力がないため、規制が弱いものでした。

さらに、突発的な事態により、どうしても限度時間を超えるような特別の事情が生じることが、あらかじめ予想されるときは、「特別条項付の36協定」を締結・届け出ることで、限度時間を超えて労働時間を延長することができます。ここでいう**特別な事情**は、「臨時的であること」及び「1年の半分を超えないこと」を指します。そして、限度時間を超える労働時間には上限がなく、実質的に青天井といえる状態でした。

そこで、今回の改正では、時間外労働の限度基準を告示から法律に格上げして、罰則付きで規制を強化し、特別な事情がある場合にも上限が設定されました。

(3) 改正後の時間外労働の上限規制

改正法が施行された後も、法定労働時間を超えて労働させるためには、36協定を締結し労働基準監督署長に届け出るという基本的な手続きには変わりありません。

ただし、36協定の対象期間は1年に限るものとされ、延長することができる時間は、1) 1日、2) 1ヵ月、3) 1年 について定めることになりました。改正前と異なり、1ヵ月を単位とする上限が必須事項となり、それ以外の期間（1日を超え3ヶ月以内の期間）が選択できなくなりました。このうち2) 1ヵ月と3) 1年について時間外労働の上限が法定化されました（労働基準法第36条4項）。1) 1日についての上限は定められていません。

> 1ヵ月…45時間（対象期間3ヶ月超の1年単位の変形労時間制は42時間）
> 1年……360時間（対象期間3ヶ月超の1年単位の変形労時間制は320時間）
> 〈いずれも休日労働を除く〉

そして、今まで上限が定められていなかった臨時的な特別な事情がある場合（特別条項）にも上限が設けられました。

1) 1年に延長できる時間外労働…720時間を超えない範囲内（休日労働を除く）
2) 1ヵ月に延長できる時間外労働…100時間未満の範囲内（休日労働を含む）
3) 2ヶ月ないし6ヶ月の間の各期間の平均…80時間以内（休日労働を含む）
4) 特別条項を発動する月数…最大でも6ヶ月以内

上記の上限を超えて労働させた場合は、労働基準法違反となり、6ヶ月以下の懲役または30万円以下の罰金が科せられるおそれがあります。

なお、2）及び3）については、特別条項を活用しない月においても適用されます。原則の上限には休日労働時間は含まれないことを考慮すると注意が必要です。例えば、時間外労働が44時間、休日労働が56時間のように、時間外労働が45時間以内に収まっている場合でも、休日労働との合計が月100時間以上になると法律違反となります。

改正後は、1ヵ月や1年の単位だけでなく、2ヶ月、3ヶ月、4ヶ月、5カ月、6ヶ月のそれぞれの労働時間の平均についても上限が設けられました。この仕組みは改正前の制度にはなく、全く新しい制度となります。

具体的には、ある労働者を今月何時間まで働かせることができるかを確認するには、その労働者の過去の労働時間を調べなくてはなりません。

例えば10月に何時間まで時間外／休日労働をさせることができるかを確認するためには次のようになります。

時間外労働は、2〜6ヶ月平均のいずれも80時間以内に抑えないといけないのが、ポイントです。

【特別条項で1ヵ月の延長時間を最大90時間と定めた場合】

1）2ヶ月の平均で確認する

　［9月：70時間］

　⇒「70時間＋X時間＝160時間以内」となるので、**90時間**

2）3ヶ月の平均で確認する

　［8月：85時間］［9月：70時間］

　⇒「85時間＋70時間＋X時間＝240時間」…**85時間**

3）4カ月の平均で考える

　［7月：75時間］［8月：85時間］［9月：70時間］

　⇒「75時間＋85時間＋70時間＋X時間＝320時間」…**85時間**

＊4ヶ月の平均で見ると90時間まで働かせても平均80時間を超えないが、8月、9月、10月の3ヶ月の平均をみると80時間を超えてしまうため85時間となります。

　必要がある場合には直近5カ月／6カ月まで遡って調べることも必要になります。直近の1～3ヶ月の平均では80時間を超えない場合でも、さらにその前の月を調べてみると80時間を超えていることもありますので、注意が必要です。

　そして、1ヵ月の時間外労働が45時間を超えることができるのは（特別条項の発動）、最大で年6回までなので、特別条項発動の回数も確認する必要があります。また、休日労働についても、その回数・時間が、36協定で定めた回数・時間を超えないよう注意しなければなりません。

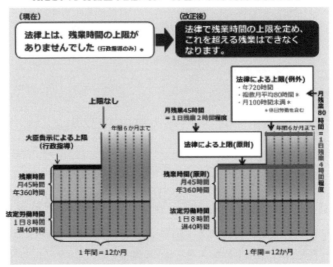

出典:厚生労働省「労働時間法制の見直しについて」

(4) 休日労働

　時間外労働の上限規制には、休日労働を含む場合と含まれない場合があります。ここでいう休日労働とは、法定休日に労働させた時間を指します。法定外休日に労働させた時間は、休日労働ではなく時間外労働になります。

第 4 章　働き方改革関連法

　法定休日とは、労働基準法で「1 週に 1 回、若しくは 4 週に 4 回」と定められており、何曜日とは定められていません。何曜日を法定休日とするか、若しくは法定休日の曜日を定めないかは、会社で定めることになります（曜日を定めない場合、週に 2 回の休日があるときは、後の休日が法定休日として扱われます。週の起算日を何曜日にするかも法律で定められているものではなく、会社が定めます）。

　時間外労働と休日労働を正しく理解していないと、時間外労働時間を正しく管理できません。

ちょっと Coffee Break !
『睡眠負債』のこわさ

　長時間労働で寝不足になり、それが重なるとうつ病になっていくのは、周知の事実です。

　そして、いまよく話題に出るのが「睡眠負債」です。

　「睡眠負債」とは睡眠があたかも借金のように負債としてたまっていくというものです。寝だめは出来ないということです。

　睡眠に関する本は最近多く出版されています。2017 年の流行語大賞のベストテンでも、大賞の「忖度・インスタ映え」と並び「睡眠負債」がノミネートされました。

　睡眠不足のもたらす負の影響には次のようなものがあるといわれています。

　がんや糖尿病、脳血管疾患の生活習慣病のリスクを 2 〜 3 倍にも高める。死亡リスクが 5 倍になる！集中力も低下して、仕事の効率も大幅に低下する。肥満のリスクも 3 倍。睡眠不足で体重が増えるともいわれています。

　生産性向上と騒がれるこの頃、人の能率を上げる最も重要な要素は日々の睡眠時間にあったということかもしれません。

1日8時間睡眠を提唱する多くの経営者がいることにも注目です。キャンベル・スープのCEO、デニス・モリソン氏、Google会長のエリック・シュミット氏、アマゾンのCEO、ジェフ・ベゾス氏、彼らは8時間以上の睡眠時間を確保することで「注意力が高まって、思考がはっきりする」と表明しています。

　これらの睡眠負債の発生を抑止することによる従業員の過重労働対策としてドイツのフォルクスワーゲン社では、従業員のシフト終了30分後には会社からのメール送信を止めるという措置に取り組んでいます。さらにBMW、ドイツテレコムでも同様のポリシーを導入しています。

　人の脳科学的な面から解明される睡眠の大切さに基づいて、多くの世界の一流企業が、今、睡眠負債抑制へと動き出しています。

　全世界的に見て、一晩当たりの睡眠時間が最も少ない都市ランキングで不名誉な1位は東京の5時間45分。2位のソウルが6時間3分、3位がドバイで6時間13分、あのラスベガスでも6時間32分…まだまだ日本における睡眠負債対策は遅れているのが現状です。

　働き方改革においても、早急に取り組むべき優先課題かもしれません。

20XX年にはどうなる？（もしものケース）

時間外労働の上限規制違反のケース

【概要】
　2021年4月、東京都内で電気機器の販売業を営んでいるA社は、従業員数30名のうち事務職が10名、営業職が20名の人員で経営しており、売上も年々増加していて人手が足りない状況でしたが、求人を掲載してもなかなか採用が追い付いていませんでした。

　その為、ここ半年は既存従業員の残業や休日出勤で何とか対応している

状況で、特に繁忙時期であった直近半年間（2020年10月～2021年3月）における最長労働時間のXさんの時間外労働は「10月：70時間、11月：85時間、12月：70時間、1月：80時間、2月：80時間、3月：75時間（※休日労働は別途毎月10時間程度発生）」となっており、長時間労働が常態化していました。

こうした状況に対して、A社の社長は2018年当時から新聞やニュース等で話題になっていた、働き方改革関連法のひとつである『罰則付き時間外労働の上限規制』については認識しており、2020年4月には新ルールでの36協定届を締結して管轄労基署への届出も完了済でした。

そんな中、2021年5月に管轄労基署から労働基準監督官がA社の本社に突然訪れ、「御社の労働関連について臨検監督を行います。法定3帳簿や関連資料を見せてください」と言われ、本社人事部長が必要書類の提示などの対応をしました。

提示された書類を確認した労働基準監督官からは「時間外労働の上限規制に違反していますね。是正勧告書をお渡ししますので速やかに是正をお願いします！」と強い口調で話をされ、対応した人事部長はすぐに社長へ報告しました。

ところが、社長は「私は法改正があった時に内容をしっかり確認していて、36協定届もきちんと締結・届出しているし、時間外労働の上限規制『1）1ヵ月100時間未満、2）2ヵ月～6ヵ月のそれぞれの期間で1ヵ月あたり平均80時間以内』もちゃんと守っているじゃないか！是正する必要などないから無視しろ」と怒鳴りました。

以降、社長の指示通り人事部長は是正対応を全くしなかったところ、翌月6月には担当労働基準監督官から電話があり「是正報告書の提出期限が過ぎておりますがどうなっていますか？速やかに対応してください。」と言われましたが、その旨を社長に報告しても「無視しろ」と同様の回答でした。

7月以降も人事部長は同じように対応していましたが、「社長を出してください！是正していただかないと最悪責任者を送検することになりますよ！」と強い口調で言われました。しかし、社長はこれまでと態度を変えず無視することを指示し続けました。
　そのような状況が数ヵ月続いた後、とうとう同年10月に管轄労働基準監督署は社長を労働基準法違反により管轄地検へ書類送検し、A社は労働基準関係法令違反に係る公表事案として、厚生労働省から社名公表をされてしまいました。
　結果として、A社の社会的信用は大幅に下がり、取引先からの発注依頼も大幅に激減したことで、A社は2022年12月には倒産してしまいました。

【なぜ労基法違反だったのか？】
　A社社長は2019年4月1日（中小企業は2020年4月1日）施行の「時間外労働の上限規制」の内容も事前に把握しており、法律に合わせた36協定の締結・届出も完了済であったにも関わらず、なぜ労働基準監督官から是正を求められ、労基法違反を問われたのでしょうか。

> 理由は、社長が時間外労働の上限規制を正しく理解していなかった為です。A社は「1）1ヵ月100時間未満、2）2ヵ月〜6ヵ月のそれぞれの期間で1ヵ月あたり平均80時間以内」の認識で労働時間管理をしていました。しかし、これは『時間外労働』のみではなく、『休日労働時間』も含めた上限規制です。結果として毎月10時間程度の休日労働時間が発生していたので違反状態になっていました。

　働き方改革関連法において「長時間労働の是正」は最重要のテーマですので、36協定届の手続き面だけではなく、中小企業経営者は時間外労働の上限規制のルールを詳細までしっかりと把握する必要があります。

これからますます企業として長時間労働の抑制を考えていかなければならない時代になっていくものと思われますので、これを機会に御社の労働時間管理の見直しをしてみてはいかがでしょうか。

(5) 改正後の36協定

この法改正に対応して36協定の様式が変更されます。次ページ以降の様式を見ていただくと分かりますが、主なポイントは次の通りです。

---

1) 特別条項を設ける場合と設けない場合の２つの様式が用意される。
2) 労働保険番号と法人番号の欄が設けられる。
3) 所定労働時間の欄が設けられる（記載は任意）。
4) 36協定で定める時間数にかかわらず、時間外労働及び休日労働を合算した時間数は、1ヵ月について100時間未満でなければならず、かつ2箇月から6箇月までを平均して80時間を超過しないことというチェックボックスが設けられる。このチェックボックスにチェックがないと有効な36協定届とは認められません。36協定が無効となってしまうと、時間外労働をさせること自体が法令違反となってしまいます。
5) 特別条項を設ける場合の様式は限度時間までの時間を協定する1枚目と特別条項を定める2枚目の2枚組となる。
6) 特別条項を設ける場合の様式には「限度時間を超えて労働させる場合における手続」、「限度時間を超えて労働させる労働者に対する健康及び福祉を確保するための措置」を定める欄が設けられる。

---

(6) 記入例とテンプレートの提供について

記入例を載せました。参考にしていただければと思います。また、届出書のテンプレートをダウンロードできるようにしました。ご活用ください。

様式第9号の2（第16条第1項関係）

時間外労働 休日労働 に関する協定届

労働保険番号	都道府県 所轄 管轄 基幹番号 枝番号 被一括事業場番号
法人番号	□□□□□□□□□□□□□

事業の種類	事業の名称	事業の所在地（電話番号）	協定の有効期間
精肉即加工業	●●畜産株式会社 ●●工場	（〒○○○ー○○○○） ○○区●●●●3−2−1 （電話番号：▼▼▼ー▼▼▼ー▼▼▼▼）	○○○○年10月1日〜1年間

時間外労働

	時間外労働をさせる必要のある具体的事由	業務の種類	労働者数（満18歳以上の者）	所定労働時間（1日）（任意）	延長することができる時間数			協定の有効期間
					1日	1箇月（①については45時間まで、②については42時間まで）	1年（①については360時間まで、②については320時間まで） 起算日（年月日）○○○○年10月1日	
					法定労働時間を超える時間数	所定労働時間を超える時間数（任意）	法定労働時間を超える時間数	所定労働時間を超える時間数（任意）
① 下記②に該当しない労働者	需要の季節的増大及び突発的な配送、発注の変更に対処する為	加工・配送	15人	8時間	4時間	2時間	45時間	20時間	360時間	240時間
	臨時の精算事務の為	経理事務員	4人	8時間	4時間	2時間	45時間	20時間	360時間	240時間
② 1年単位の変形労働時間制により労働する労働者								

休日労働

	休日労働をさせる必要のある具体的事由	業務の種類	労働者数（満18歳以上の者）	所定休日（任意）	労働させることができる法定休日の日数	労働させることができる法定休日における始業及び終業の時刻
	需要の季節的増大及び突発的な配送、発注の変更に対処する為	加工・配送	15人	土日祝日	1ヶ月に2日	8:30〜17:30
	臨時の精算事務の為	経理事務員	4人	土日祝日	1ヶ月に1日	8:30〜17:30

上記で定める時間数にかかわらず、時間外労働及び休日労働を合算した時間数は、1箇月について100時間未満でなければならず、かつ2箇月から6箇月までを平均して80時間を超過しないこと。 ☑
（チェックボックスに要チェック）

第4章 働き方改革関連法

時間外労働
休日労働 に関する協定届（特別条項）

様式第9号の2（第16条第1項関係）

臨時的に限度時間を超えて労働させることができる場合	業務の種類	労働者数（満18歳以上の者）	1日（任意）			1箇月（時間外労働及び休日労働を合算した時間数。100時間未満に限る。）				1年（時間外労働のみの時間数。720時間以内に限る。）			
			延長することができる時間数		限度時間を超えて労働させることができる回数（6回以内に限る。）	延長することができる時間数及び休日労働の時間数		限度時間を超えた労働に係る割増賃金率		起算日（年月日）	○○○○年10月1日		
			法定労働時間を超える時間数	所定労働時間を超える時間数（任意）		法定労働時間を超える時間数と休日労働の時間数を合算した時間数	所定労働時間を超える時間数と休日労働の時間数を合算した時間数（任意）			延長することができる時間数		限度時間を超えた労働に係る割増賃金率	
										法定労働時間を超える時間数	所定労働時間を超える時間数（任意）		
突発的な受注の増加・クレーム対応	加工・配送	15人	6時間		6回	90時間		30％		720時間		30％	

限度時間を超えて労働させる場合における手続	労働者代表者に対する事前申し入れ

	（該当する番号）①⑥⑦	（具体的内容）
限度時間を超えて労働させる労働者に対する健康及び福祉を確保するための措置		対象労働者への医師の面接指導の実施、年次有給休暇の取得促進、相談窓口の設置

上記で定める時間数にかかわらず、時間外労働及び休日労働を合算した時間数は、1箇月について100時間未満でなければならず、かつ2箇月から6箇月までを平均して80時間を超過しないこと。 ☑
（チェックボックスに要チェック）

協定の成立年月日　○○○○年　9月　15日

協定の当事者である労働組合（事業場の労働者の過半数で組織する労働組合）の名称又は労働者の過半数を代表する者の　職名　営業主任
　　　氏名　▼▼　▼▼

協定の当事者（労働者の過半数を代表する者の場合）の選出方法（　挙手　）

○○○○年　9月　20日

　　　　　　　　　　　　　　　使用者　職名　代表取締役
　　　　　　　　　　　　　　　　　　　氏名　○○　○○　㊞

▼▼　労働基準監督署長殿

36協定の変更に伴い、厚生労働省では時間外労働及び休日労働について留意すべき事項に関して指針を策定しました。その指針には、時間外労働・休日労働を必要最小限にとどめるよう示されています。そして、限度時間を超えて労働させる労働者の健康・福祉を確保するように求めています。改正後の36協定には、前記6）で示したように「限度時間を超えて労働させる労働者に対する健康及び福祉を確保するための措置」を記載する欄が設けられました。

　また、臨時的な特別の事情を「できる限り具体的に定めなければならない」と示しています。「業務の都合上必要なとき」や「業務上やむを得ないとき」など恒常的な長時間労働を招くおそれのあるものは認められていません。厚生労働省の「時間外労働の限度に関する基準」にも下記のようなサンプル例があります。

〈臨時的と認められるもの〉
・予算・決算業務　・ボーナス商戦に伴う業務の繁忙　・納期ひっ迫
・大規模なクレームへの対応　・機械のトラブルへの対応

〈臨時的を認められないもの〉
・（特に事由を限定せず）業務の都合上必要なとき
・（特に事由を限定せず）業務上やむを得ないとき
・（特に事由を限定せず）業務繁忙なとき
・使用者が必要と認められるとき
・年間を通じて適用されることが明らかな事由

　そして、もう一つ「労働者代表の選出」について。これが法令通りにできていないと、届出が無効になってしまいます。

　36協定締結の際には、その都度、当該事業場に1）労働者の過半数で組織する労働組合がある場合はその労働組合（過半数組合）、2）労働組合がない場合は労働者の過半数を代表する者（過半数代表者）と書面による協定をしなければならない、と定められています。

　1）過半数組合の要件は、その事業所に使用されている全ての労働者の過半

数で組織する組合であることが必要です。全ての労働者というのは、正社員だけでなく、パートやアルバイトなどを含めたものです。そして事業所毎に労働組合員が労働者の過半数以上いなくてはなりません。

2）過半数代表者の要件としては、以下の4点を満たす必要があります。

・パート等を含む全ての労働者の過半数を代表していること。
・選出に当たっては、目的を明らかにした上で、全ての労働者が参加し、民主的な手続き（投票や挙手）がとられていること。
・管理者に該当しないこと。
・使用者の意向に基づいて選出された者でないこと。

---

(6) 適用猶予・除外

① 次の事業・業務は、時間外労働の上限規制の適用が5年間猶予されます。

事業・業務	猶予期間中の取扱い （2024年3月31日まで）	猶予後の取扱い （2024年4月1日以降）
建設事業	上限規制は適用されません。	○災害の復旧・復興の事業を除き、上限規制が全て適用されます。 ○災害の復旧・復興の事業に関して、時間外労働と休日労働の合計について、 ・月100時間未満 ・2～6ヶ月平均80時間以内 とする規制は適用されません。
自動車運転の業務		○特別条項付き36協定を締結する場合年間の時間外労働の上限が960時間 ○時間外労働と休日労働の合計について、 ・月100時間未満 ・2～6ヶ月平均80時間以内 とする規制は適用されません。 ○時間外労働が45時間を超えることができるのは年6月までとする規制は適用されません。

医師		具体的な上限規制は、今後省令で定めることとされています。
鹿児島県及び沖縄県における砂糖製造業	時間外労働と休日労働の合計について、 ・月100時間未満 ・2～6ヶ月平均80時間以内 とする規制は適用されません。	上限規制が全て適用されます。

②新たな技術・商品等の研究開発に係る業務…上限規制の適用除外

1週間当たり40時間を超えて労働した時間が月100時間を超えた労働者に対しては、医師の面接指導が罰則付きで義務付けられました。

面接指導を行った医師の意見を勘案し、必要があるときは就業場所や職務内容の変更、有給休暇の付与などの措置を講じなければなりません。

3. 中小企業への割増賃金の猶予措置廃止

2008年に改正された労働基準法（2010年4月1日施行）では、時間外労働の割増賃金率の引き上げに関して、次のように規定されました。
1) 使用者は、1ヵ月60時間を超える法定時間外労働に対しては、50％以上の率で計算した割増賃金を支払わなければなりません。
2) 中小企業については、当分の間、上記1)（法定割増賃金率の引上げ）の適用は猶予されます。
3) 中小企業の割増賃金率については、施行から3年経過後に改めて検討し、必要な措置を講じます。

今回上記3)の規定に基づき検討した結果、2023年4月1日から中小企業への猶予措置廃止が決まりました。

時間外労働を計算するに当たり、1ヵ月の起算日は就業規則に定めますが、定めがない場合は「賃金計算期間の初日」を起算日とします。起算日から累計して時間外労働が60時間を超えた時点から、割増賃金率が50％以上となりま

す。ただし、時間外労働の算定には法定休日に行った労働は含まれません。したがって、割増賃金率は下記にようになります。

		普通時間外	深夜〈22時〜5時〉時間外
法定時間外労働	月60時間以内	25％以上	25％＋25％＝50％以上
	月60時間超	50％以上	50％＋25％＝75％以上

※休日割増しは従来通り35％。休日の深夜も従来通り60％割増し。

また、1ヵ月に60時間を超える法定時間外労働を行った労働者に対して、割増率の引上げ分（25％から50％に引き上げた場合、その差の25％分）の割増賃金の支払いに代えて、有給の休暇を付与することがきます。この代替休暇制度を導入するには、過半数労働組合（ない場合には過半数代表者）との間で労使協定を結ぶことが必要です。

代替休暇の単位は、まとまった単位で与えることによって労働者の休息の機会を確保する観点から、1日、半日、1日または半日のいずれかによって与えることとされています。

また、代替休暇を与えることができる期間は、法定時間外労働が1ヵ月60時間を超えた月の末日の翌日から2ヶ月以内の期間です。

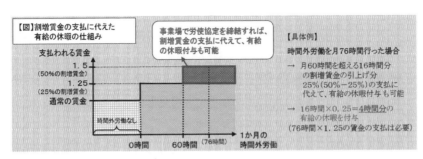

出典：厚生労働省ホームページより

施行は2023年になりますが、代替休暇導入の検討や就業規則等の整備が必要になります。

4．年5日の年次有給休暇の確実な取得

　年次有給休暇は、過去1年間（入社時は6ヶ月）の出勤率が8割以上という要件を満たした場合、継続勤務期間に応じて一定の日数が付与されます。しかし、年次有給休暇の取得率は低迷しており、いわゆる正社員の約16％が年次有給休暇を1日も取得しておらず、また、年次有給休暇を殆ど取得していない労働者は長時間労働の比率が高いという実態があります。こういった事態を踏まえ、労働者の心身のリフレッシュを図ることを目的として、年5日以上の年次有給休暇の取得が確実に進むよう、今回の改正が行われました。

　これまでの年次有給休暇の取得は、1）労働者が取得希望時季を申し出る、または2）計画付与の規定に基づき、労使協定を締結することにより取得の時季を指定する、という2種類の方法でした。改正により「使用者が取得時季を指定」という方法が新たに設けられました。

(1) 具体的内容

- 対象となるのは、法定の年次有給休暇の付与日数が10日以上ある労働者です。
年次有給休暇を比例付与されるパートタイム労働者等は、年次有給休暇の付与日数が10日以上であれば適用されます。
- 使用者は、上記労働者に対して、年5日については、基準日（年次有給休暇の付与日）から1年以内の期間に、労働者ごとに時季を指定して年次有給休暇を取得させなければなりません。
- 使用者が時季を定めるにあたっては、労働者に対して時季に関する意見を聞かなければなりません。
- 時季に関する労働者の意思を尊重するように努めなければなりません。
- 前記1）労働者からの申し出、2）計画的付与により、年次有給休暇を

与えた場合には、その日数の合計を 5 日から控除することができます。
・年次有給休暇の取得状況を確実に把握するため、年次有給休暇の管理簿を作成し、3 年間保存しなければなりません。

2）の計画的付与というのは、使用者と過半数労働組合（ないときは過半数代表者）が労使協定を締結することで、年次有給休暇の取得時季を指定できる制度を言います。この制度を導入するには就業規則による規程も必要です。ただし、この労使協定は、労働基準監督署に届け出る必要はありません。

使用者が年次有給休暇を時季指定するに当たり、労働者から意見を聞いた際に、半日単位での年次有給休暇の取得の希望があった場合には、半日単位で取得することができます。その場合は、0.5 日とカウントします。また、労働者自ら半日単位の年次有給休暇を取得した場合には、0.5 日として使用者が時季指定すべき年 5 日から控除することができます。なお、時間単位の年次有給休暇取得については、使用者による時季指定の対象とはならず、労働者が自ら取得した場合も、その時間分を年 5 日から控除することはできません。

また、使用者による時季指定を実施する場合には、時季指定の対象となる労働者の範囲及び時季指定の方法等について、就業規則に記載しなければなりません。

(2) 罰則

次の事項に違反した場合には罰則が科せられることがあります。

違反内容	罰則内容
年 5 日の年次有給休暇を取得させなかった場合	30 万円以下の罰金
使用者による時季指定を行う場合において、就業規則に記載していない場合	30 万円以下の罰金
労働者の請求する時季に所定の年次有給休暇を与えなかった場合	6 ヶ月以下の懲役または 30 万円以下の罰金

罰則による違反は、対象となる労働者 1 人につき 1 罪として取り扱われます。

例えば、10人が年5日の年次有給休暇を取得していなかった場合は、最大で300万円の罰金という可能性があります。しかし、いきなり処罰というわけではなく、労働基準監督署は、原則として「その是正に向けて丁寧に指導し、改善を図って頂く」というスタンスです。

(3) 年次有給休暇を全部または一部前倒しで付与している場合

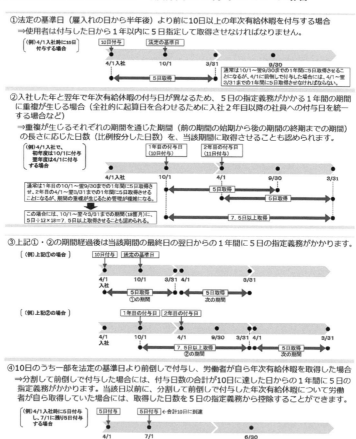

出典：厚生労働省「年次有給休暇の時季指定義務」

(4) 実務対応

人ごとに入社日が異なる事業場においては、基準日が人ごとに異なるため、誰がいつまでに年次有給休暇を5日取得しなければならないのか、細かな管理が必要となります。年次有給休暇を管理しやすくするための方法として、付与日を統一することが有効です。

・年次有給休暇を年1回一斉に付与する。
・付与日を月初などに統一する。
入社が月の途中であっても、同じ月に採用した方の付与日を1日などに統一することで、管理がしやすくなります。

使用者からの時季指定を行う場合には、どのタイミングで行うか検討が必要です。年5日の年次有給休暇を確実に取得するためには、次の方法が労働者からの年次有給休暇の請求を妨げず、かつ効率的な管理を行うことができます。

・基準日から一定期間が経過したタイミング（半年後など）で、年次有給休暇の請求・取得数が5日未満となっている労働者に対して、使用者から時季指定をする。
・過去の実績を見て年次有給休暇の取得日数が著しく少ない労働者に対しては、労働者が年間を通じて計画的に年次有給休暇を取得できるよう、基準日に使用者から時季指定をする。

また、年次有給休暇の計画的付与制度を活用することも有効です。例えば、夏季、年末年始計画付与し大型連休としたり、閑散期に計画的付与を実施すれば、業務に支障をきたさないで年次有給休暇の取得率を向上させることができます。

なお、法定の年次有給休暇に加えて、会社独自に法定外の有給の特別休暇を設けている場合、その日数分を5日から控除することはできません。また、今回の改正を契機に、特別休暇を廃止し、年次有給休暇に振り替えることは、法改正の趣旨に沿わないものとされています。特別休暇を年次有給休暇に振り替

える場合には、振り替えた後の要件・効果が労働者にとって不利益にならないようにしなければなりません。

5. 高度プロフェッショナル制度の創設

　本章「時間外労働の上限規制」で述べたように、労働基準法では法定労働時間が定められており、これを超えて労働させるためには、36協定を締結し労働基準監督署へ届け出ることが必要です。そして、原則として法定労働時間を超えて労働させた時間については、割増賃金の支払いが義務付けられています。ただし、管理監督者や裁量労働制を適用している方には、時間外・休日労働に関する規定を一部適用除外としています。

　しかし、近年、時間に縛られることなく自律的で創造的な働き方を希望する方々が増えてきました。今回の改正では、高い収入を確保しながら、メリハリのある働き方ができるよう、本人の希望に応じた自由な働き方の選択肢である「高度プロフェッショナル制度」を創設しました。

(1) 対象業務

　この制度の対象は、「高度の専門的知識等を必要とし、その性質上従事した時間と従事して得た成果との関連性が高くない業務」です。具体的には以下の業務等となります。

---

1) 金融商品の開発業務
2) 金融商品のディーリング業務
3) アナリストの業務（企業・市場等の高度な分析業務）
4) コンサルタントの業務（事業・業務の企画運営に関する考案又は助言の業務）
5) 研究開発業務

---

(2) 対象労働者

　対象となる労働者は、使用者との間の合意に基づいて職務の範囲が明確に定められ、その職務の範囲で労働する労働者です。業務に従事する時間に関し使用者から具体的な指示を受けて行うものや、高度専門職とは言えない業務に従事する方は対象外となります。対象となるか否か不安な場合は労働基準監督署に確認すると良いでしょう。

　また、対象労働者の年収については、1年間に支払われることが確実に見込まれる賃金の額が、毎月勤労統計を基礎とした平均給与額の3倍を相当程度上回る水準以上という要件があります。具体的には1,075万円を目安に省令で規定されます。

(3) 健康の確保

　制度の導入に際しては、長時間労働を強いられないよう、次のような仕組みが必要になります。

①企業内の手続き

　事業場の労働者と使用者の同数で構成する委員会（「労使委員会」といいます）において、対象業務、対象労働者、健康確保措置などを5分の4以上の多数で決議しなければなりません。

　次に、職務記述書に署名等する形で、職務の内容および制度の適用について、同意が必要です。また、同意の撤回もできなければなりません。

②新たな規制の枠組み

　この制度の対象となる労働者は、労働基準法に定める労働時間、休憩、休日および深夜の割増賃金が発生しません。それに代わるものとして、健康確保のための新たな規制の枠組みが設けられました。

・年間104日以上、かつ、4週4日以上の休日を確保すること
・上記に加えて、以下のいずれかの措置を講じなければなりません。どの措置を選択するかは労使委員会の5分の4の多数で決議します。

1) 終業から始業時刻の間に、一定時間の休息を確保し、かつ、深夜業（22時～5時）の回数を制限
2) 1ヵ月または3ヵ月当たりの在社時間等の上限の設定
3) 1年につき2週間連続の休暇の取得（ただし、本人が希望した場合は、1週間連続休暇を2回とすることもできる。）
4) 臨時の健康診断の実施（在社時間が一定時間を超えた場合または本人の申出があった場合）
5) 在社時間が一定時間を超えた労働者に対して、医師による面接指導を実施し、その面接指導の結果に基づき、職務の内容の変更や特別な休暇の付与等の措置を講ずること。

6. フレックス制の見直し

(1) フレックスタイム制

　フレックスタイム制とは、「始業及び終業の時刻を労働者が自由に決めることができる」制度のことです。この制度を導入することにより、一定の期間（精算期間）を平均して週40時間以内であれば、1日8時間、1週40時間の法定労働時間の枠を超えて労働させることができます。ただし、フレックスタイム制を導入するには、一定の条件を満たさなくてはなりません。それは、就業規則等に「始業及び終業の時刻を労働者の決定に委ねる」旨を定めることと過半数労働組合（ないときは過半数代表者）と労使協定で次の事項を定めることです。この労使協定は、労働基準監督署への届け出は不要です。

【労使協定に定める事項】
1) 対象労働者の範囲
2) 精算期間と起算日…最長で1ヶ月
3) 精算期間において働くべき総労働時間（総枠）

> 4) 標準となる1日の労働時間
> 5) コアタイム、フレキシブルタイムの開始及び終了の時刻（任意）

　フレックスタイム制を導入しても割増賃金の支払いは生じます。1日単位では時間外労働を判断しませんが、精算期間における法定労働時間の総枠を超えた場合は、割増賃金の支払いが必要になります。具体的には次の通りです。

【法定労働時間の総枠＝40時間×精算期間の歴日数÷7】

　例えば、精算期間を1ヶ月と定めた場合の6月
　40×30÷7＝171.4　　171時間を超えた時間は、割増賃金の支払いが必要です。

(2) 改正後のフレックスタイム制

　フレックスタイム制は、労働者の価値観やライフスタイルの多様化に対応して働き方に関するニーズが多様化し、より柔軟で自律的な働き方への志向が強まっている状況の下で、一律的な時間管理がなじまない状況が徐々に拡大しつつあると考えられ、特にホワイトカラー層を中心として、より自律的かつ効率的な働き方に応じた労働時間管理を進めていく必要から作られた制度です。今回の改正では、子育てや介護といった生活上のニーズに合わせて労働時間が決められ、より柔軟な働き方が可能になりました。

【改正の概要】・精算期間の上限を1ヶ月から3ヶ月に拡充

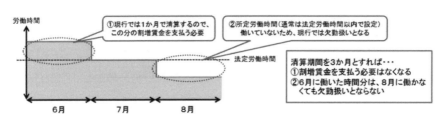

出典：厚生労働省「●●●●●」

精算期間が拡充されたことにより、1ヵ月の労働時間が長くなりすぎないよう、次の要件が設けられました。

> 1) 精算期間が1ヵ月を超える場合には、1ヵ月ごとに区分した各期間を平均して1週間当たり50時間を超えない範囲で労働させることができます。
> 2) 精算期間が1ヵ月を超え3ヵ月以内の場合、1ヵ月ごとに週50時間を超えた労働時間については、割増賃金の支払いが必要になります。
> 3) 1ヶ月超える精算期間を定めるフレックスタイム制の労使協定については、労働基準監督署への届出が必要となります。
> 4) 完全週休2日制の労働者に限っては、労使協定を締結することにより、労働時間の限度を「精算期間における所定労働日数を8時間に乗じて得た時間」と定めることができます。
> 【例】1ヵ月30日の月に出勤日数が22日の場合
> 　　　原則の法定労働時間 = 30 ÷ 7 × 8…171.4 時間
> 　　　特例の法定労働時間 = 22 × 8…176 時間

精算期間が最長3ヵ月に拡充したことにより、より柔軟な働き方ができるようになりますが、上記のような要件があるため、3ヵ月以内のフレックスタイム制を導入した場合、給与計算が煩雑になる恐れがあることが懸念されます。

7. 勤務時間インターバル制度の普及促進

勤務時間インターバル制度とは、1日の勤務終了後、翌日の出社までの間に、一定時間以上の休息時間（インターバル）を確保する仕組みです。この仕組みを導入することで、労働者が十分な生活時間や睡眠時間を確保し、ワーク・ライフバランスを保ちながら働き続けることを可能にします。そして、十分な休息時間を確保することにより、従業員の生産性向上が期待できます。今回の改正では、この仕組みの導入を企業の努力義務としました。

第 4 章　働き方改革関連法

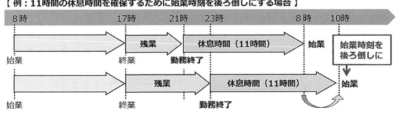

出典：厚生労働省「労働時間法制の見直しについて」

　この制度を導入するには、まずインターバルの時間（休息時間）を何時間に設定するかを検討します。そして次にインターバル後の勤務を次の 1)、2) のどちらの方法をとるかを検討します。

> 1) 始業時刻のみを後ろ倒しにし、終業時刻は変更しない。
> 2) 始業時刻と終業時刻の双方を後ろ倒しにする。（終業時刻後ろ倒しに制限を設けるか否かも要検討）

　1) の方法をとると、短縮された労働時間の賃金を控除するかどうかが問題になります。もし、賃金を控除しない場合、日によって労働時間を長くしたり短くしたりすることで、残業手当が増加することが考えられます。しかし、残業手当が多くなったとしても、労働時間を短縮した分を賃金から控除することは、従業員からは強い抵抗を感じることでしょう。他方、2) の方法ですと、終業時刻が遅くなり深夜労働が増え、休息や睡眠時間確保の期待も薄くなるように思われます。
　また、インターバル制度を適用する対象者または対象範囲（部署、正社員・非正規社員等）を検討する必要があります。
　そして、制度を就業規則で定めるのか、別規程で定めるのかを検討します。ひな形をそのまま規定するのではなく、自社に合った規程を定めることが大切です。
　いずれの方法をとるにしても、労働時間を正確に把握し、記録することが必

要になります。そして、インターバル制度の対象社員やその社員の勤務時間を共有できるような体制も必要です。インターバルによる休息中に、業務の電話やメールに対応しなければならない状況になっては、元も子もありません。

8. 産業医・産業保健機能の強化

　産業医が規定される労働安全衛生法が制定された昭和47年当時と比べ、現在は産業構造や経営環境が大きく変わり、産業医・産業保健機能に求められる役割や事業者が取り組むべき労働者の健康確保の在り方も変化しており、過労死防止対策、メンタルヘルス対策、治療と仕事の両立支援対策などが新たな課題となってきています。過重な長時間労働やメンタル不調などにより過労死等のリスクが高い状況にある労働者を見逃さないよう、産業医による面接指導や健康措置等が確実に実施されるようにし、企業における労働者の健康管理の強化を図りました。

(1) 産業医の活動環境の整備

　改正前は「産業医は、労働者の健康を確保するために必要があると認めるときは、事業者に対して勧告することができる」と規定されていましたが、今回の改正により、「産業医を選任する事業主は、労働者の労働時間に関する情報その他の産業医が労働者の健康管理等を適切に行うために必要な情報を提供しなければならない」ことになりました。

　具体的な内容は以下の通りです。

1) 既に講じた健康診断実施後の措置、長時間労働者に対する面接指導実施後の措置、若しくはストレスチェックの結果に基づく面接指導実施後の措置又は講じようとするこれらの措置の内容に関する情報
2) 法定時間外労働の時間が1月当たり80時間を超えた労働者の氏名及び当該労働者に係る超えた時間に関する情報

> 3）1）及び2）に掲げるもののほか、労働者の業務に関する情報であって産業医が労働者の健康管理等を適切に行うために必要と認めるもの

　また、産業医から受けた勧告の内容を事業場の労使や産業医で構成する衛生委員会に報告することとしなければならないとし、産業医の活動と衛生委員会との関係を強化しました。

(2) 労働者からの健康相談に適切に対応するために必要な体制の整備等

　労働者の健康管理等を適切に実施できるよう、事業者は、産業医等が労働者からの健康相談に応じ、適切に対応するために必要な体制の整備その他の必要な措置を講ずるように努めなければならないとしました。

　具体的には、その事業場における産業医の業務の具体的な内容、産業医に対する健康相談の申出の方法及び産業医による労働者の心身の状態に関する情報の取扱いの方法を、事業の見やすい場所に掲示または備え付け、書面を労働者へ交付やイントラネットの電子示板へ掲載などの方法により、労働者へ周知することです。

> 【産業医】
> 　労働者の健康管理等について、専門的な立場から指導や助言を行う医師のことです。労働安全衛生法では、労働者数50人以上の事業場においては、産業医の選任が事業者の義務となっています。また、小規模事業場（労働者数50人未満の事業場）においては産業医の選任義務はありませんが、労働者の健康管理を医師等に行わせるように努めなければなりません。
>
> 【衛生委員会】
> 　労働者の健康管理等について、労使が協力して効果的な対策を進めるために、事業場に設置する協議の場です。衛生委員会のメンバーは、総括安全衛生管理者、産業医、衛生管理者、衛生に関する経験を有する労働者で構成されます。労働者数50人以上の事業場においては、衛生委員会の設

置が事業者の義務となっています。

9．同一労働同一賃金

(1) 法改正の趣旨

　日本における非正規労働者の割合は4割弱であり、若年層ほど多い状況となっています。そして、非正規労働者に対する賃金、福利厚生、教育訓練などにわたる待遇は、正規労働者に比べ、仕事や能力等の実態に対して低いという社会的不公正の問題とともに、若い世代の結婚・出産への影響により少子化の一要因になるなど社会問題となっています。

　また、正規・非正規労働者間の待遇格差により、能力開発機会の乏しい非正規雇用労働者が増加することは、労働力人口が減少する中、労働生産性の向上を阻害する要因となりかねない経済問題にもなっています。

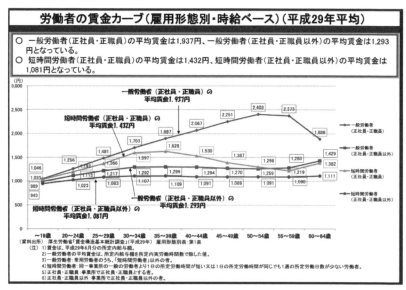

出典：厚生労働省「賃金構造基本統計調査」（平成29年）

「同一労働同一賃金」は、この社会問題と経済問題を解消することを目的とした改正です。

このような趣旨から、この改正では、労働契約法、パートタイム労働法、労働者派遣法の三法が改正されました。具体的には、有期雇用労働者について不合理な労働条件を禁止した労働契約法20条を削除し、パートタイム労働法の名称をパートタイム・有期雇用労働法（正式には「短時間労働者及び有期雇用労働者の雇用管理の改善等に関する法律」）に改めて、パートタイム労働者と有期雇用労働者を同じ規制の下におくこととしました。また、派遣労働者については、労働者派遣法を改正して、パートタイム・有期雇用労働法と原則として同じ規制を置くこととしました。

(2) 不合理な待遇差をなくすための規定の整備

パートタイム労働者、有期雇用労働者、派遣労働者などの非正規労働者に関する待遇差の規程を統一して、裁判の際に判断基準となる「均衡待遇規程」「均等待遇規程」が整備されました。

【均衡待遇規程】

正規労働者と非正規労働者との間で、基本給、賞与、役職手当や食事手当などの手当、福利厚生、教育訓練など、それぞれの待遇ごとに、その待遇の性質や目的に照らして、
1) 職務の内容（業務の種類や責任の程度）
2) 職務内容・配置の変更の範囲（配置転換・転勤・異動の有無や範囲）
3) その他の事情（職務の成果、能力、経験など）
の違いを考慮して、不合理な待遇差を設けてはなりません。

つまり、1）～3）が異なる場合は、その違いの程度に応じた待遇が求められます。

例えば、上記1）～3）を数値で表した場合、正規労働者が100に対して、非正規労働者が80だったときに、非正規労働者の賃金が、正規労働者の50％

では均衡が保たれていません。80％に近い賃金の支払いが必要になるということです。

【均等待遇規程】
　上記1)、2)が同じ場合は、非正規労働者であることを理由に待遇面(基本給、賞与、各手当、福利厚生、教育訓練など)で差別的取り扱いをしてはなりません。

均等待遇について、改正前はパートタイム労働者には規定がありましたが、有期雇用労働者には規定がありませんでした。今回の改正により、有期雇用労働者も対象となりました。

均衡待遇と均等待遇わかりにくいですが、要するに均衡は職務内容と待遇のバランスを取りましょう、均等待遇は個別の待遇について一つ一つ均等にしましょう、ということです。給与、福利厚生、教育訓練など、差別してはいけないということです。

【改正前→改正後】○：規定あり　△：配慮規定　×：規定なし　◎：規定の解釈の明確化

	パート	有期	派遣
均衡待遇規定	○ → ◎	○ → ◎	△ → ○＋労使協定
均等待遇規定	○ → ◎	× → ○	× → ○＋労使協定
ガイドライン	× → ○	× → ○	× → ○

出典：厚生労働省「雇用形態に関わらない公正な待遇の確保」

派遣労働者については、就業場所は派遣先であり、待遇に関する派遣労働者の納得感を考慮するうえでは、派遣先の労働者との均等・均衡が重要となります。しかし、派遣先の賃金水準と職務の難易度が常に整合的とは言えません。こうした状況を踏まえて、次の２つの方式の選択制となります。

1) 派遣先の労働者との均等・均衡待遇
2) 一定の要件を満たす労使協定による待遇

さらに派遣先となる事業主に対して、以下の事項が義務化されました。

・上記1)の場合、派遣労働者の賃金、その他の待遇に関する情報を派遣元へ提供すること
・派遣元事業主が上記1)2)を順守できるよう派遣料金の額を配慮すること

(3) 非正規労働者の待遇に関する説明義務の強化

事業主が労働者に説明しなければならない内容を、パートタイム労働者・有期雇用労働者・派遣労働者で統一的に整備し、次の1)、2)の説明を義務化しました。

1) 非正規労働者の待遇内容及び待遇決定に際しての考慮事項
2) 非正規労働者が求めた場合、正規労働者との待遇差の内容・理由等

要するに、正規労働者と非正規労働者との間に待遇差を設けた場合には、合理的な説明が必要ということです。

例えば、正規労働者には支給し、非正規労働者には支給しない手当があった場合、その手当の目的が何か、その目的に照らして合理的な待遇差でなければなりません。

また、非正規労働者が事業主に説明を求めた場合の不利益取扱いが禁止されます。

(4) 行政による事業主への助言／指導や裁判外紛争解決手続（行政 ADR）の規定を整備

行政による事業主への助言／指導や行政 ADR の規定をパートタイム労働者・有期雇用労働者・比較対象労働者で統一的に整備し、「均衡待遇」や「待遇差の内容・理由」に関する説明についても、行政 ADR の対象となります。

なお、行政ADRとは、事業主と労働者との間の紛争を裁判をせずに解決する手続きをいい、無料で行うことができます。

「同一労働同一賃金ガイドライン案」の概要

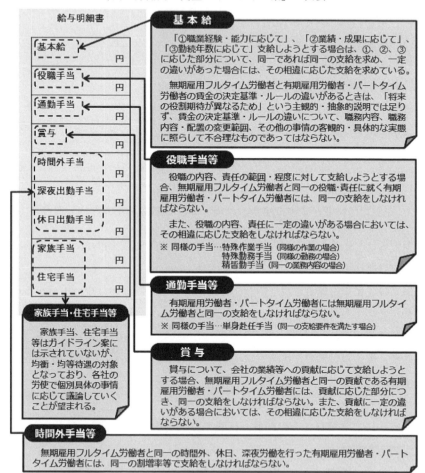

出典：厚生労働省「雇用形態に関わらない公正な待遇の確保」

第4章 働き方改革関連法

20XX年にはどうなる？

正社員と契約社員の待遇差が違法になるケース

【概要】

　2025年4月、千葉県内で電子部品の製造業を営んでいるB社は、同県内で製造工場を運営しており、そこでは従業員20名のうち、正社員15名、1年契約の契約社員5名がそれぞれ作業員として勤務していました。

　なお、正社員15名の内訳は、工場長1名、副工場長1名、作業リーダー5名、一般作業員8名となっており、その中でも一般作業員については契約社員と業務内容が全く同じであり、『1）職務の内容（業務内容＋責任の程度）』と『2）職務内容・配置の変更範囲』にも異なる点は特にありませんでした。

　これまで、B社の工場で働く従業員の給与体系は非常にシンプルで、「基本給」「役職手当（※工場長、副工場長、作業リーダーのみ）」「時間外労働手当」「休日労働手当」「通勤手当」で構成されており、役職手当を除き、勤務年数に応じて毎年定期的に基本給が昇給していく形の、いわゆる年功序列の賃金制度で運用されてきました。

　ただし、毎年年度末の1～3月は繁忙期のために、工場の稼働時間が他の月に比べて長く従業員に負担もかかることから、B社は正社員に対して『年度末手当30,000円』を別途毎月支給していました。なお、この年度末手当は正社員のみが支給対象となっており、1年契約の契約社員に対しては支給していませんでした。

　ところが、2025年5月のある日、B社宛てに知らない名前の弁護士から内容証明郵便が送付されてきました。

　B社社長が届いた封書の内容を確認すると、「2025年3月末に契約期間満了で退職した契約社員Cに対し、本来支払うべき年度末手当が支払われていない。Cは契約社員として2021年4月1日から雇用されており、

年度末手当の支給対象となる2022年～2025年のそれぞれ1～3月の期間、30,000円×12ヵ月分で合計360,000円と、これに対する年14.6％の遅延損害金を加えた未払い賃金を、2025年6月末までに支払え」といった内容でした。

　社長はすぐにB社の顧問弁護士を呼び、「こんな内容証明郵便が届いているけど、支払う必要なんて当然ないでしょう？だって年度末手当はそもそも正社員にだけ支給すると決めていて、就業規則にもそのようにきちんと記載されているのだから全く問題ないはずでしょ!?」と声を荒げて相談しました。

　しかし、顧問弁護士は「社長、これはもし訴訟になったら会社側が負ける可能性が高いので、速やかに支払いをされた方が宜しいかと思います。また、今後は正社員にだけ年度末手当を支給することもやめた方が良いでしょう」と回答しました。

　このような弁護士の回答に対して、社長は全く納得しておらず数週間は聞く耳を持ちませんでしたが、改めて弁護士から支払うべき理由や法的リスクを丁寧に説明され、最終的には納得して支払うことになりました。

　結果として、B社は過去に同様の支給対象となる契約社員全員にも支払いを行い、最終的には総額300万円近くの予期せぬ出費が発生してしまいました。

【なぜ支払う必要があったのか？】

　2020年4月1日（中小企業は2021年4月1日）施行の「パートタイム・有期雇用労働法」では、『正社員』と『非正規社員』の間で、差別的取り扱いの禁止が明記されています。

　これは、非正規社員（契約社員）であっても、『1）職務の内容（業務内容＋責任の程度）』と『2）職務内容・配置の変更範囲』が、正社員と同一であれば、賃金の決定等について差別的取り扱いをしてはならない、という内容です。

> 今回のB社の事案に当てはめると、年度末手当が支給されていた正社員のうち『一般作業員』に関しては、『契約社員』と同じ工場内で全く同じ内容の業務を行っており、配置転換なども一切なく、異なる点は雇用期間が無期か有期かの違いのみでした。
> その為、繁忙期の1～3月も正社員（一般作業員）と契約社員は全く同様の仕事をしているにも関わらず、年度末手当が正社員にのみ支給されていた事は差別的取り扱いに当たる可能性があるという内容です。

　顧問弁護士も社長に対して、違法である可能性が高いので、速やかに支払いをしてB社の被害を最小限にすべきと判断しました。

　日本でも同一労働同一賃金という言葉を聞くことが多くなりましたが、改めて中小企業を経営する皆様には自社の賃金制度や諸待遇が適正であるか確認されてはいかがでしょうか。

第5章

成果を出すためのプロセス管理／マネジメント管理

1．生産性とは

　働き方改革で「労働生産性の改善」が推進されている今日、その背景には前章で記載した「人手不足」つまり長期的視点において減少している労働力人口が挙げられます。

　この「労働生産性の改善」、言い換えると「生産性のアップ」という言葉を最近よく耳にすると思いますが、実際に企業において「生産性のアップ」とはどのようなことをいうのでしょうか。

　「生産性」とは投入した資源と、算出された労働の成果との比率を意味します。投入した資源に対して算出の割合が大きければ大きい程、「生産性がより高い」ということになります。

　労働者一人当たりの生産性効率を図る数字に「労働生産性」という指標があります。

　これは粗利益《営業利益＋人件費＋減価償却費＝付加価値額》を人数で割った一人当たりの数字で中小企業庁、全国中小企業団体中央会、TKC などでは財務分析指標として黒字企業の参考数値を出しています。

　業種や会社の規模で数字は異なり、事業調査や財務調査において業務改善の指標として活用されることもしばしばです。

　売上、利益に対して人件費の適正や業務量の適正を評価する為にこの指標を用います。

生産性＝産出／投入

労働生産性とは？　＝　 労働による成果（付加価値）
　　　　　　　　　　　――――――――――――――――
　　　　　　　　　　　 労働投入量
　　　　　　　　　　　（従業員数 or 時間当たりの労働量）

出典：著者作成

つまり、労働者が成果をどのくらい生み出したかを見るのが、「労働生産性」という指標です。

(1) 生産性を上げ成果を出すためのプロセス管理
①成果を出すとは

　成果とは、働き方改革として会社が掲げた目標を達成させることを指します。そして、何のためにその目標を達成させるのかと言えば、顧客満足・従業員満足の向上、ひいては社会貢献をも果たすことで、業績を上げていくためということになります。すなわち、会社の存在意義そのものを高めることになるわけです。

　この成果を出すためには、プロセス管理を確実に実施していくことが必要です。なぜならプロセスを管理することで良い仕組みづくりを行い、確実に実行できれば、成果はおのずと出てくるからなのです。

【成果を出す公式】

意図した成果 （方針・目的・ 目標など）	×	計画 （仕組み・方法）	×	力 （実行力、やる気）	=	結果としての 成果

> 意図した成果を設定し、それを達成するための計画を作り、それをこなす力を養成すれば、成果は自ずと上がる。

②意図した成果（方針・目的・目標など）

　意図した成果は、方針・目的・目標です。具体的には、経営者の立場から考えると、経営者の信念や経営理念、経営方針や会社が向かおうとしている方向性、あるいは会社が理想としている姿、会社の存在意義などです。一方、従業員の側から言えば従事している業務の目的、会社が目指す目標・数値、社員個人やチームが目標に掲げる業績ノルマなどになります。例えば、営業であれば、顧客満足度ナンバーワンや、売上目標100万円達成などです。

③計画（仕組み・方法）

　仕組みとは、例えば「新製品が出たら、新製品説明会を必ず開き新製品に関する情報教育を行う」などのように、具体的な計画、プログラムです。この計画は、より明確であることが必要です。

　計画・方法とは、先の情報教育の例で言えば、「今年はいつ、どこで行い、誰が講師で、参加者は誰なのか」などです。計画書により方法も含めて文書化し、より実行性を高めていきます。

④実行力（やる気も）

　絵に描いた餅にならぬよう、担当者には仕組み、計画をこなすことができる力量が要求されます。さらに、本人にやる気があるかないかによっても成果に違いが出てきます。

　また、人的なもの以外に、ハードインフラ・ソフトインフラ・効果的な仕組みも、ここでは重要です。使用する機械・器具、使う手順書などでも成果に差が出ます。例えば、新幹線と在来線で東京大阪間に要する時間の違い、パソコンの基本的な演算処理能力やHDDの容量などを思い浮かべてもらえれば分かりやすいでしょう。これがハードの力量の差になります。ソフトの力量はと言えば、パソコンソフトの持つ性能、それを使いこなすだけのスキルがあるかどうかです。こうしたことが、前述の「成果を出す公式」に大きく影響します。

⑤成果が思うように出ないとき

　計画通りに成果が出ないことは、現実問題として当然です。大切なことは、どこに課題があるかを明確にし、改善することです。上記の３つの観点から、どこに課題があるか原因を分析し検討することで解決策も見えてきます。

　次の「プロセス管理の考え方」に、公式に対するコメントをまとめておきました。ご参照ください。

第5章 成果を出すためのプロセス管理／マネジメント管理

【プロセス管理の考え方】

要素	意味すること、具体例、要点等	
意図した成果	・目指すものは何なのか ・なぜそのプロセスが必要なのか	社訓、経営方針、ビジョン・目標
計画	・具体的仕組み計画 ・計画 ・方法	経営計画 年間教育計画 業務手順 スケジュール
力 (実行力、やる気)	・人	・目標をわきまえ、仕組みをこなすことができる力量 ・やる気
	・ハードインフラ	・機械設備 ・機能・性能がポイント
	・ソフトインフラ	・アプリケーション （ワード、エクセルなど） ・業務手順書
	・仕組み	・効果的な仕組みと効果的でない仕組みがある （その差が力量の差である）

(2) プロセス管理

①プロセスとは

　プロセスとは、仕事の過程のことです。仕事の流れと言っても良いでしょう。マネジメントの基本はプロセス管理を確実に実施することです。プロセスは、あらゆるビジネスシーンに存在します。そしてそれは結果ではなく、その過程をいかにマネジメントするかというプロセス評価を想定しています。特に、仕事に対する取り組み姿勢、あるいは社員のやる気をどのようにしてあげていくかといった、人事管理の一場面に関するプロセス管理に焦点をあてることとします。結果や成果がすべてであるべきビジネスの世界においても、結果だけではなく、業務への取り組みに関するプロセスをいかにマネジメントするのかということが重要課題であると認識することが大切です。

一昔前までは、長時間働くことが成果につながっていました。しかし今は、単に長い時間会社にいる社員が評価される時代は終り、いかに短い時間でいかに高い成果を出すのかということが重要になっています。言ってしまえばビジネスの世界では「時短」は当たり前のことなのです。しかしながら、およそ時間管理は、単純なものではありません。残業ゼロであれば全て良いわけでもないのです（本書は残業ゼロを推進していません）。時には時間がかかってでも良いものを顧客に届けるというサービス精神もありますし、かかった時間以上の成果をあげることができたということもあります。人的資源管理のプロセスを重視し、必ずしも「時短」という結果だけを評価するのではないという点は、特に人事管理においては大切なことです。

②目標の自主的決定原則

　人間誰しも、自分の能力が足りない、あるいは起こした行動が思い通りに行かないとき、自分を否定するという不快な気持ちを引きずりたくありません。実は、この不愉快な気持ちや不安葛藤を心理学理論では「認知的不協和」といいます。心の中の不協和音です。

　凡そ人間は自らの行動を決定する際に、情緒に左右されてしまいがちです。例えば、「目の前の信号は赤だけれども、待っていたら電車に乗り遅れてしまう。エイ！渡ってしまえ‼」──危険な場合はもちろんそこにとどまりますが…──。人間の心理は面白いもので、電車が一本遅れたくらいでは何ら影響しない（遅刻しない）ときでも、（安全が裏付けされた）少々の危険を冒してしまう。でも、後で自らの行動を理性的に考えてみると、もし遅れたら嫌な気分になる「気がする」ので、それを回避したいための行動だったことに気づきます。失敗した！と思いたくないし、心の中に不協和音を起こしたくないのです。

　翻ってビジネス・プロセスにおいて、目標設定を自ら行わず誰かの押しつけだったとしたらどうでしょうか。恐らく誰もが人から押し付けられたものに対して、そう真剣になることはできないでしょう。なぜなら、その押し付けこそが不協和音になってしまうからです。目標設定は自主的であることが原則です。自らの目標設定によって初めて、その目標に対しての本気度が高まってい

きます。

2. マネジメント管理（PDCA管理）

　働き方改革で最も重要なマネジメント管理は人事評価です。どのように管理するか、書いていきます。

(1) 実施状況の確認、効果的な評価
　「残業時間が多い＝頑張っている」という評価をしていませんか。高度成長期のなごりで、残業を多くしている人は、それだけ会社に貢献しているとして高く評価している会社は未だにあります。仕事は時間をかければ多くを処理することができ、また誰でもある程度の成果を出すこともできます。しかし、本当に残業時間が多いことが会社へ貢献していることなのでしょうか。残業時間が多くなればその分の割増賃金も発生します。これは会社にとってデメリットです。
　ここで評価したいのは労働時間ではなく、1時間当たりの成果、つまり「労働生産性」を人事評価の指標とします。成果の評価をする際に、ある一定期間（上期や下期など）に、どのような付加価値を生み出したか、で評価することは多いと思います。このときその付加価値を生み出すために、どのくらいの時間をかけたか、という観点で評価することです。
　人材不足の現在において、育児や介護などの理由で時間外労働ができない、または短時間勤務となっている人も貴重な人材です。ですが、今までのように時間をかけて一定の成果を出すという考え方の中では、なかなか評価もされません。「生産性」という観点で評価をすれば、労働時間に制限がある人も指標が同じになるため、モチベーションも上がり、大いに活躍してくれることが期待できます。
　また、残業時間が減り新たに生まれた時間は、家族や友人と過ごす時間、趣味や睡眠の時間を増やすことの他、自己研鑽の時間や業務改善のための工夫を

考える時間に使うことができます。時間に余裕ができ、充実感を持って楽しく仕事をすることがさらなる生産性の向上に繋がる、そんな好循環を生み出すことが大切です。

とはいえ、「残業が減る」は全ての従業員にとって嬉しいことでしょうか。短時間で成果を上げたことにより、残業代が減少し給与が減ってしまう。今まで残業代も含めて生計を立てていた人、特に子供を持つ世帯に人にとっては、手取り収入が減ることは死活問題です。これでは「やはり残業をしよう」ということになりかねません。

この点、残業をしなくても賃金が保障される仕組みなどが必要です。

働き方改革では、「生産性を向上→企業業績の向上→賃金アップ」の好循環が生まれることが必要です。

生産性の向上により働く時間が減れば、ゆっくり体を休めることができます。疲労が軽減すると一人ひとりの仕事に取り組むクオリティが高くなり、これが会社の業績向上につながり、賃金アップ、そして「従業員の幸せ」へとつながっていきます。

(2) 残業削減の目標を設定する

社員一人ひとりが残業時間を削減することを意識するためには、経営者からの強いメッセージがなくてはなりません。会社のビジョンを明確に示し、そのための施策として「残業削減」を掲げます。ただ単に「残業削減」だけを掲げてしまい、そのために受注減、または手抜きがあっては本末転倒です。

経営者からのメッセージとして、ビジョン達成のために、今年度は「残業時間○パーセント削減」「有給休暇取得率○％以上」など具体的な目標を発表します。また、「働き方改革」や「残業時間削減運動」などネーミングをしたり、社内にポスターを張ったり、「○○強化月間」などイベントを設定したり、従業員が継続的に意識できるような働きかけをするのも有効です。

全社的な目標が設定できたら、次に各部署での目標を設定し、そして各個人の具体的な目標を設定していきます。

第5章　成果を出すためのプロセス管理／マネジメント管理

　次に、その目標を達成するための計画、つまり何時（何日）までに何をどこまで終わらせるかなど、より具体的な計画を立てます。
　そして、目標と結果を見比べられるよう「残業時間表」を作成したり、残業時間の分布図を作成して、その計画を達成できているか、残業が少ない（多い）部署はどこかを常に見える化をさせます。
　「見える化」とは、その表や分布図を社内に貼る、社内報などに載せるなどして、従業員が意識していなくても見られるようにすることです。インターネット上に掲示しても、そこにアクセスするという行為がないと見ることができません。「一斉メール」などが対策になるかもしれません。
　また、計画は一度立てたら終わりではありません。定期的に見直しを行う必要があります。目標を達成できそうもない場合は、何が悪いのか、どうすれば良いか、計画を立て直すことも必要です。ここでも、目標管理が大切です。つまりPDCAを回すことです。

(3) 賃金・賞与に反映する

　残業削減によって増えた利益は、会社の利益とするのではなく、社員の賃金（ベースアップ）と賞与に使います。前に述べたように「残業を減らしても手取り収入が減らない」仕組みを作らなくてはなりません。
　残業を削減するには様々な投資も必要でしょう。ですが、残業が削減できれば、単純に残業代だけではなく、水道高熱費も減ります。この浮いた財源を会社の利益にするのではなく、従業員に還元すれば手取り収入は減りません。
　つまり、残業時間の減少を人事評価に連動させます。
　残業が減った（自由な時間が増える）うえ、手取り収入も減らない、若しくは増えたら、それこそ従業員は更に残業時間を減らす工夫をするでしょう。

(4) 残業減を管理職の評価と報奨制度に連動

　残業削減には、社員一人ひとりの意識改革も必要ですが、そのためには中間管理職が率先して残業を減らすリーダーシップをとってもらうことが求められ

ます。管理職研修も必要になるでしょう。まずは中間管理職に長時間労働のリスクを理解してもらい、「時間」を意識したマネジメントに変えることが求められます。中間管理職が、時間の使い方について、部下と振返り、話合い、そして具体的に指示し指導していくことで、部署の残業時間を削減することができます。

逆に、中間管理職の指示があいまいであれば、無駄な作業が生じることになったり、中間管理職が業務が終わってもなかなか帰らなかったら、部署内で早く帰りにくい雰囲気をつくり、結果、残業時間が増えてしまいます。このように中間管理職のあり方が直接残業時間に影響します。

中間管理職が残業削減に取組むためには、中間管理職に対する人事評価・懲戒制度と残業削減の結果を紐づけることで大きな効果が期待できます。

例えば、目標達成度120%だったらA評価(要点制であればプラス〇点)、逆に昨年度より残業時間が増えてしまった場合はD評価(マイナス〇点)など、具体的に示します。また、管理職の評価のみならず賞与に影響することを明確にしておくことも有効な手段です。

毎月、各管理職に、当月の自分のグループ1人当たりの平均残業時間を「前年当月」と「当年前月」の残業時間と共に報告してもらいます。昨年の同時期や直近の月と比較することで、残業削減の取組具合が明確になり、管理職は、部下の指導を行い、自身も更に時間短縮に励むようになるでしょう。

もちろん業務時間は成果とのバランスが重要です。あくまでも生産性のベースでの実績把握が大切です。

(5) **評価は結果だけでなくプロセスにも焦点を当てる**

管理職の評価は結果重視ですが、職責が低い社員はプロセスを重視します。たとえ結果は出せなくても、残業削減に一所懸命取り組めば良い評価を得られるようにします。

評価をする際に面談を行うところは多いと思いますが、そのときに結果ばかりを確認していると、部下も結果だけを意識するようなり、作業内容の是非や

作業の効率化など、柔軟な考え方が後回しになってしまいがちです。すぐに結果がでなくても、その柔軟な考え方からうまれたアイデアによって、後に良い結果をもたらすことは少なくありません。目先の結果ではなく、そのプロセスに焦点を当てることが大切です。

どういったプロセスで作業をしているか、中間管理職が部下と一緒に振返り話合うことで、非効率的または無駄な作業をしていないかを明確にすることができるようになります。そして、次の面接で改善した部分については確認し、そのプロセスを評価することで、本人のモチベーションアップに繋げていきます。

(6) 表彰

残業時間削減の目標を達成するという事は、一朝一夕にできることではありません。中間管理職が部下の努力を理解し、丁寧にアドバイスし指導していくことでできるものです。更に、それを維持するためにも相当な労力を必要とします。そうした努力の結果、目標を達成した場合には目に見えるような形で承認します。

その方法として効果的なものを上げておきます。

---
1) 残業削減の改善状況（目標達成者等）を成果発表大会で表彰する。
2) 残業削減のための優れたアイデアを立案・実行した者（部署）を表彰する。
3) ○○賞受賞者として社内報などに公表する。

「成果発表大会」
　年度末または年度初め（キックオフミーティング）に、社員全員を集め、全社員が共有すべき情報や事項を全て確認し合うと共に、目指すべき成果等を共有し、一致団結して会社の目標に邁進できるようにするために行う大会です。

こういった全社員を集めた大会の場で表彰されることは誇らしく、従業員のモチベーションアップに繋がります。
　そして、何より大切なことは、全社員が一堂に会することにより、大切な情報が共有化できることです。
　自己の努力が承認され表彰されることは大人になっても嬉しいものです。表彰状や粗品、金一封があれば更に効果は大きいです。家に持ち帰り、日頃仕事の様子を見せることができない家族に功績を自慢することができます。

　逆に、ペナルティを科すことも効果が期待できます。勿論、実際に業務量が増えたために残業が増えた場合はやむを得ませんが、残業削減への工夫が全く見られない場合にはペナルティも必要です。

1）残業削減の目標を達成できない者（部署）を業績表彰の対象から外す。
2）残業ランキングで、残業時間が多い者を発表する。

　ペナルティを与えることで、「残業が多い＝頑張っている」のイメージから「効率的に仕事ができない」のイメージへシフトします。残業が当たり前の意識を改革します。

（7）注意点
　残業削減と評価が連動する制度が整っても、その評価を得るためにサービス残業が増えては元も子もありません。次のような対策を行うことで、サービス残業が生じないような体制を作らなくてはなりません。

1）持ち帰り残業の禁止
2）PCログと労働時間の時間の差異のチェック
3）社内サーバーに接続できない時間帯の設定

　また、労働時間を短縮した結果、業績が低下することになるのは論外です。

労働時間が減っても手取り収入は減らず、業績も上がる、会社も社員も win-win でなくてはなりません。

> 【伊藤忠商事の例】
> 伊藤忠商事では、朝の時間帯に割増賃金を支払い、朝食も無料配布する「朝方勤務制度」を導入して、年間所定外労働時間を 15% 減らし、純利益ベースでの増益を果たしています。

この他、既に多くの企業が長時間労働の是正や多様な働き方導入で、社員の能力を高めて、会社の収益向上に繋げています。

3. 成果を上げるための業務改善

(1) 業務の属人化が問題

業務手順書は大切です。業務が担当者にくっついていて、他の人にはわからない状況を「業務の属人化」と言います。それは、仕事を誰かに任せる場合、多く発生します。業務の属人化は業務効率を下げます。その人しかできない仕事は他の人が代われません。業務が誰にでもできれば、他の人が代わって業務出来るので、休みを取ることも可能になります。また、業務の内容がわかっているので、皆で検討改善することもできます。

そこで、業務の標準的な手順書が必要になります。

業務手順書です。必要な業務手順があるとことで、業務内容について共有化でき、改善することもできます。重要な業務内容であれば、教育訓練のテキストとして、周知することで、社員の力量アップにも繋がります。

できるだけ文書化して明確にし、重要性の高いもののみ残し、正式文書として管理していきます。文書管理はできるだけ簡単にしましょう。

そうしないと管理に追われて、業務が非常に効率が悪くなります。気を付けたい点です。

ただ、いったん細かいところまで作成することは必要です。それで要らないものは、棄てる。要らないものを整理し、それをいつでも使えるようにする、整理・整頓です。

(3) 業務手順書とフローチャートの例

業務を洗い出しながら業務プロセスを思い描き、フローチャートを作ります。全体の業務フローが明確ですと、イメージが明確になり、全体の業務プロセス、全体システムを見直すときなども効果的です。

業務フローとは、文字通り業務の流れのことです。例として、PDCAにそってフローチャートを作り、業務手順を入れたものを例として載せました。参考にしてください。

業務手順書のみのものも参考に載せましたので、ご確認いただければと思います。

第5章　成果を出すためのプロセス管理／マネジメント管理

教育訓練のフローチャートと業務手順例

PDCA	フローチャート	業務手順	文書・記録
P (Plan)	「教育・訓練計画」作成	・「教育訓練計画表」を作成する。 ・各メンバーごとに部門と業務内容を考慮して計画し、作成する。	「教育訓練計画表」
D (Do)	教育・訓練実施 (OJTまたは集合教育)	・「教育訓練計画表」のスケジュールに基づき教育訓練を実施する。	「教育訓練計画表」
C (Check)	教育訓練の有効性の評価 教育訓練／記録	・教育訓練について、計画通りに達成したところ、未達成なところを明確にする。(有効性の評価) →「教育訓練記録書」に記録する。 　確認：教育責任者 　承認：経営者	「教育訓練記録書」
A (Act)	「次の教育訓練計画」作成	未達成なところを考慮し、次の「教育訓練計画表」を作成する。	次の「教育訓練計画表」

87

業務手順書例

項目	内容	状況説明、配慮事項、留意点など
1 発注品を拾い上げる (株〇〇〇〇配付の図面から)	株〇〇〇〇担当者からメールで「図面」を受け取る。 株〇〇〇〇担当者宛で、「図面」等を受け取った「確認メール」を送信する。 当社へ発注される六角ボルトを中心とする部材を図面から拾い上げることを、細心の注意をはらい書面に記す(従来からの慣行)。 1) 図面より工事名、工事NO、納期を「受注表」に記入する。 2) 六角ボルト、座金などの記述された個所をマーカーでチェックする (必要に応じて)。 3) 図面の中の「材料表」と照合し、組数と必要数をチェックして必要数を材料表謄に記入する。 4) 「材料表」下部の注意書きをチェックして、部材の表面処理などを確認する。 5) 2)~4)の内容を「受注表」に記入する。	● 仕事量の90%以上は注文書の発行前に先行手配として図面が渡される。 ● 製番の区分 1A〇〇〇〇=東京 (東部営業)

88

第5章　成果を出すためのプロセス管理／マネジメント管理

(4) 業務手順の共有化

　次に、この業務手順を会社で共有することを目指します。共有化によって、従業員相互に仕事の段取りと流れを把握します。業務手順がわかっていれば、どうしても業務から離れざるを得ない従業員の抜けてしまったところを、従業員間でお互いがどのようにカバーしていけばよいのかを考えることができるようになります。

> 　子育て中の従業員が保育所へ送り迎えに行かねばならない状況を想定するとわかりやすいでしょう。朝夕の出社退社時刻をずらしてもらえるだけでもとても助かるのです。その期間と時間帯が明確化されていれば、どの程度のカバーリングが必要なのかがはっきりします。
>
> 　ちなみに、送り迎えを、保育所に子供を預け夕方迎えに行くだけと思わないでください。テレビドラマなどでは、保育園に預けるところや帰りに手を繋いで帰るところが描かれますが、実はそんな単純な話しではありません。朝起こすところから始まり、朝ごはんを食べさせ、支度をさせ、ようやく家を出て保育所に着いてからも、年齢によっても異なりますが、保育所の中まで入っていってオムツと洋服の着替えをさせて、上履き、替えのオムツと着替えと食事の時に使うナプキンや汗拭きのハンドタオル、お散歩用の帽子、お昼寝用のお布団のセットなど、あれこれ所定の場所にセットして、ようやく保育所を後にできます。
>
> 　と思いきや、出際に子供が泣き出したりしたら、もう一仕事が必要な時も。朝から大仕事を終えてから出社するような日もあるわけです。

　このようなことをお互いが理解できていること、そして、従業員間の心の配慮に頼るだけではなく、システマチックに業務分担を図り計画することが大切です。

(5) チェックリストも重要

　業務のもれを防ぐためにもチェックリストは有効です。うっかりミスの大半

は細かいところで、何かがもれている。例えば、旅行に行くときに「〇〇を忘れて困った」ということはないですか？私の場合ですが、「アッ髭剃り忘れた」など、たびたびありました。それで「旅チェックリスト」を作りました。それで、うっかり旅行で大切なものを忘れることがなくなりました。

(6) 仕事の心得
① 5つの仕事の基本
　ここで、「5つの仕事の基本」について取り上げます。
　「5つの仕事の基本」とは、

> 1）挨拶・身だしなみ
> 2）整理・整頓
> 3）報告・連絡・相談〈コミュニケーション〉
> 4）相手を考えて仕事をする
> 5）コンプライアンスを順守する

です。
　企業経営の一つの要点に、社員がどれくらい満足しているかが挙げられます。「この会社に入って本当に良かった！」。ぜひそんな会社にしていただきたいと思いますが、どのようにすればそんな風に思ってもらえるのか、あるいは思えるのか、よくわからない経営者や社員の方が多いのが現実です。ここで、大事なことは、経営者も従業員も基本を心得ておくことです。できている人にとっては当たり前のことです。ですが、何からやるべきかわからない方は、まずは、この5つの基本が本当にできているのかを見つめ直してください。この基本を踏まえた後に良い会社への階段を上っていきましょう。
②仕事の基本心得帖を活かす
　仕事の基本心得帖をご参照ください。ここには仕事の5つの基本の何が大切で、どのようにすると会社から褒められるかが書いてあります。何ごとも基本を押さえることが大切です。仕事の基本ができている人は信頼できますし、安

第5章　成果を出すためのプロセス管理／マネジメント管理

心して仕事を頼めます。約束を守るという当たり前のことができていない人が、残念ながら多いのが現実です。

「当たり前のことをしっかりと人の2倍実行すれば必ず光る」。

しかし、当たり前のことほど、実行することは難しかったりします。

次に紹介する「仕事の基本心得帖」は、社員がバージョンアップするための、次の階段へ上がるための第1ステップです。「形のないものは、形あるものにすると、きわめてうまくいく」との鉄則があります。仕事の仕方は目に見えない、形のないものだから、「心得帖」という形を作った途端にいろいろな手が打てます。できない社員がいれば「心得帖」を教育すれば良いのです。それぞれ教育目標として各自で取り組めば、一歩一歩段階を踏んで良い社員にもなっていきます。

こうした基本を押さえた従業員がいてこそ、はじめて良い個性の会社、味のある会社になっていくのです。

仕事の基本心得帳「5つの仕事の基本」

仕組みを作り、思いて動かす。仕組みがなければ、思いは空回りする。

	制定 平成　年　月　日		
	改訂 平成　年　月　日		

承認	確認	作成

	仕事の基本	具体的内容	ポイント
1	きちんと挨拶する	1) 出社時、帰宅時の挨拶を明るい声で。 2) 顧客先などでもさわやかな挨拶を。	●挨拶は相手の顔を見て、語尾まではっきりと。 ●挨拶は「上から、下から、周りから」。活気は皆で作るもの。
2	整理・整頓をする	1) モノ・コトのABC（重点）管理をしっかりと実行する。 2) 原形復帰。使ったものは元に戻す（バナナの追放）。 3) 仕事が終わったら、片付ける。	●不要なモノ・コトは整理し、残ったモノ・コトを整頓する。 ●身の回り、机の中、机の上、仕事の場所、担当の場所…振り返る。
3	報告、連絡、相談をこまめにする	1) きめ細かく指示し、タイミングよく報告する。 2) 他人にも知って欲しいことを連絡する。 3) 一人で悩まず相談する。	●具体的な指示を心がける。 ●悪い情報ほど早く、良い報告は後でも良い。 ●連絡しなかったら誰か困らないかを考えてみる。 ●相談されると上司や仲間も嬉しい。
4	相手を考えて仕事をする（ホスピタリティー）	1) 仕事を受け取る人を頭に描いて仕事をする。 2) 顧客本位、相手本位を心がけ、その期待に応える。 3) 思いやりをもって人に接する。（誠実さが人を幸せにする。）	●顧客や仕事先の視点に立って、見て、聴いて、考える。 ●期待に応えること、役に立つことから付加価値が生まれる。 ●他人の立場に立つこと対応も自ずと違ってくる。
5	コンプライアンス（法律、ルール、約束を守る）	1) まず守るべき法律、ルール、行動基準を明確にする。 2) 守ることが難しい場合、「どのようにしたら守れるか」をトコトン考え、最大限努力する。 3) 与えられた責任を果たす。状況に応じて手を打つことを常に考える。	●「〜をしてはいけない」ではなく、「目的は何なのか」を考え、それに沿うことのプラス、沿わない場合のマイナスを考える。 ●約束、指示事項、会議での決定事項などは責任を持って実行する。 ●遅刻はしない。時間を厳守する。5分前主義を励行。

第5章 成果を出すためのプロセス管理／マネジメント管理

仕事の基本心得帖1 挨拶・身だしなみ

項目	いつ	内容（どのようにするか）どんな言葉で	コンピテンシー・留意点
挨拶	出勤時	「おはようございます」	①挨拶は必ず相手の顔を見て、笑顔でハキハキと。 ②仕事中であったとしても手をとめて言います。 ③おじぎは…頭からまっすぐに伸ばして、腰から折り曲げるようにします。猫背にならないように注意します。 ④相手より言葉遣いには注意します。頭を下げるときは早く、上げるときは、ゆっくりと。
	退社時	「お先に失礼します」「お疲れ様でした」	
	外出時	「行ってまいります」「行ってらっしゃい」	
	帰社時	「ただいま帰りました」「お帰りなさい」	
	部屋への入退室時	「失礼します」	挨拶は「上から、下から、周りから」。活気ある職場で作るもの、盛り上げるものです。挨拶の挨拶「ひらく」挨は「せきる」という意味です。心を開いて、相手に近づくのが挨拶です。「挨拶」をしないと人間関係が悪くなり、職場のムードも暗くなります。「挨拶」は自分から先にするように心掛けます。日常の挨拶の積み重ねが、あたたかい働きがいのある職場をつくります。
	お礼	「ありがとうございます」	
	謝罪	「申し訳ありません」	
	返事	「はい」「いいえ」	
	来客時	「いらっしゃいませ」「こんにちは」	
身だしなみ	①衣服は清潔、さわやかさを心がける。 ②清潔にするように心掛ける。 ③無精ひげ・茶髪は禁止。 ④爪は短め。		身だしなみの心得…清潔　控えめ　センス

仕事の基本心得帖2　整理・整頓

項目	内　容（どのようにするか）	コンピテンシー・留意点
整理・整頓	**整理整頓の基本** ①原型復帰…使用した「モノ」は、使った人が必ず元に戻します。 ②よく使う「モノ」は身につけるか、取りやすい所に置きます。 ③機械・設備、キャビネット、ロッカー、の上に「モノ」を置かない。 ④仕事が終わったら電話機、パソコン以外、机の上のものはすべて片付けます。 **書類管理** ①書類は共通保管を原則とします。 ②ファイルでの保管を原則とします。 ③全員が活用できるよう置き場所を明確にします。 ④保管期限を明確にします。 ⑤保管責任者を明確にします。 ⑥定期的にバックアップを取ります。 **事務用品管理** ①個人の筆記具は最小限とします。 ②共通事務用品は、取扱いやすい場所に位置を決めて、分かりやすいように文字で表示します。 ③事務用品は、無断で持ち出してはいけません。必ず担当者から受けとること。	「優先順位つけること」が仕事の仕方の整理・整頓‼ 優先順位とは重要なものから順番をつけることです。やりやすい仕事から始めがちです。優先順位をつけ、段取をはっきりさせて仕事を進めます。 「標準化」も仕事の仕方の整理・整頓‼ 大切なことを明確にして、誰でもできるようにすることです。標準化したことは取替えが可能になったということ。人間は決まっていることは後にしがちですが、先にやり、いうことは後にしがちですが、先にやり、標準化すると業務スピードがアップします。 標準化したものをだんだんとレベルを上げていくと、それを皆でならわせばみんなのそろってレベルアップします。

第5章 成果を出すためのプロセス管理／マネジメント管理

清掃	**日常清掃（きれいにする清掃）** 日々の作業としての「清掃業務」。ほうきや雑巾でゴミ、チリ、汚れを徹底して落とします。 **点検清掃（感知する清掃）** 日常の清掃業務の中に日々の点検業務を盛み込ませます。機械や設備を中心にこその異常や故障、欠陥を感知し、発見します。 **保全清掃（改善する清掃）** 発見した異常や故障は、作業者自身がすぐに修理や改善などを実行します。できない場合は保全への依頼を行います。	
清潔	**3Sの習慣化⇒清潔** | 項目 | 主な取り組み | |---|---| | 整理の習慣 | 書類をもらったらABCにランク分けしてファイリングします。不要なものは捨てます。 | | 整頓の習慣 | やりっ放しにしない。原形復帰、元に戻す。 | | 清掃の習慣 | 駐車場、階段、廊下、身の回りなどゴミが落ちていたら拾います。 | **清潔への予防処置** 1) 予防整理 捨てないですむ整理（不用物が発生しない仕組みづくり） ①不要在庫を作らないためには…「必要なもの、必要なときに必要なだけ調達生産する」 ②不要文書をなくすためには…「必要な資料を必要なときに、必要なだけ作成・コピー・配付する」 2) 予防清掃 しなくて済む清掃 [例]・爪とび防止キャップのき爪きり ・玄関から室内に上がるときにスリッパにはきかえる仕組み（靴が汚れていても室内が汚れません。）	**5Sとは…** | 項目 | 意味・内容 | |---|---| | 整理 | 必要なものと不要なものをハッキリ分けて不要なものを捨てること。 | | 整頓 | 残った必要なものを使いやすいようにきちんと置き、いつでもすぐに使えるようにすること。 | | 清掃 | 常に掃除をし、きれいにすること。 | | 清潔 | 整理・整頓・清掃がキチンと行われている状況が維持された状態。 | | 躾（習慣） | 決められたことがいつも正しく実行できること。 |

仕事の基本心得帖3　報告・連絡・相談（コミュニケーション）

項目	内　容（どのようにするか）	コンピテンシー・留意点
指示・報告	**1. きめ細かく指示し、タイミングよく報告してください。** ●具体的な指示を心がけます。 ●悪い情報ほど早く、良い報告は後でも良い。 **報告はこまめに** 上司に「あれはどうなった？」と聞かれる前に報告します。ただし、いま話して良いかどうか、上司の都合を聞いてから話し出します。 **報告の種類と具体例** | 報告の種類	具体例
---	---
指示された仕事の報告	途中報告…長期の仕事は頃合いを見て報告。終了報告…終了後すぐに報告。
状況に応じての報告	トラブルや問題点が発生…すぐに報告。仕事内容が変わった…状況説明と問題点、どのようにするかなどを報告。 | **文章での報告・連絡** (1) できるだけ短い文章で、伝えたいことを的確に表現します。 (2) 結論を先に書き、その後理由や経過説明、関連事項などを必要に応じて書くようにします。 (3) 文字は楷書で、ていねいに書きます。誤字、脱字に注意すること。必要に応じて図表や色分けなど、視覚的にもわかりやすくする工夫をしてください。	**上司から話を聞くときは** 相手に失礼のない態度で聞く。 **悪い情報はとにかく早く！！** 悪いことほど、会社にとっては必要な情報です。言いづらいことも多いですが、真っ先に伝えることが大切です。仕事でミスした時は、早めに上司に報告をしておくこと。仕事が遅れそうな時も同様。期限直前になってできませんと報告するのでは、上司は対処のしうがありません。良い情報は後回してよい。トラブル対処は初動が大切です。 **報告・連絡は正確、迅速、簡潔に** |		
(1)	正確に伝える	5W2Hで整理して、事実を明確に伝えます。自分の意見を述べる場合は、事実とはっきり区別して、最後に伝えるようにします。
(2)	迅速に伝える	報告する必要が生じたら、直ちに報告を行います。悪い報告など、どんな報告も、時機を逃しては意味をなしません。
(3)	簡潔に伝える	まず結論から先に述べ、その後、経過を説明します。まわりくどい報告は誤解のもと。報告する内容は5W2Hで整理し、要点をまとめておきます。	

第5章 成果を出すためのプロセス管理／マネジメント管理

5W1Hとは

項目		内容
何を	What 要件	何をやるのか？
なぜ	Why 理由	どのような理由から行なうのか？
いつ	When 期日・時間	いつ始めて、いつまでに終わらせるか？
どこで	Where 場所・行き先	どこで行うのか？
誰が	Who	自分ひとりで？だれかと協力して？
いかに	How 処理方法・手続き	どのような方法で？

連絡	2. 他人にも知って欲しいことを連絡します。 ●連絡しなかったら誰か困らないかと考えてみます。	
相談	3. 一人で悩まず相談してください。 ●相談されると上司や仲間も嬉しいものです。	メモをドンドン取ってください メモをとる人は伸びます。メモをとって確実に処理し、対処する。それによって状況は改善されます。顔を合わせたら思い出すというのでは、仕事をしていることにはなりません。 メモをとっておけば、忘れてしまってなすべき仕事が漏れることもありません。また、メモをとることによって不明点や疑問点が明確にもなります。 指示されたことはかならずメモをする習慣をつけていきましょう。

97

仕事の基本心得帖 4　ホスピタリティー（思いやりの心、そして相手を常に考えて仕事をする）

項目	内　容（どのようにするか）	コンピテンシー・留意点
相手を考えて仕事をする	1) 相手の立場になって仕事をします。 2) 顧客目線、相手目線に心がけ、期待に応えるよう努力します。 3) 思いやりをもって人に接します（誠実さが人を幸せにします）。	● 顧客や仕事先の視点に立って、見て、聞いて、考えます。 ● 期待に応えることから付加価値が生まれます。 ● 他人の立場に立つと対応も目ずと違ってきます。 ホスピタリティと誠実さが人を幸せにします。お互いに役に立つことが大切です。 期待に応えることから、役に立つことから付加価値が生まれる。
期待に応える	● 社内も含め仕事先の期待に応えることを常に考えて仕事をします。 ●「相手がどのようにしたら仕事がしやすくなるか」を考えると報告、連絡、相談のタイミング、内容が見えてきます。 ● コミュニケーション不足ですれ違いが起きたら、何がまずかったのか原因を探って、再発防止の仕組みを皆で考えて、実行します。	**笑顔** 笑顔は相手の人に対する好意や歓迎の意思表示です。無愛想な表情では心が伝わりません。練習してでも美しい笑顔を作りましょう。 **電子メールのマナー** 来たメールには、基本的に返信します。 1. 複数人宛のメールやCCは原則として返信不用。 2. あて先は「〜様」をつけます。「〜さん」では不快に感じる人も多いので。

第5章　成果を出すためのプロセス管理／マネジメント管理

仕事の基本心得帖5　コンプライアンス（法律、ルール、約束を守る）

項目	項目	内容（どのようにするか）	コンピテンシー・留意点
電話の受け方	受話器をとったら名乗る	「はい、〇〇〇〇です」	電話は1コール以内で取るように心掛ける 電話を待つ身は必要以上に長く感じます。また、電話を掛けてきた人の時間を奪うことにもなります。だから電話は鳴ったらすぐに出る、これが原則です。もし待たせしましたら、「お待たせしました」と一言付け加える。
	相手を確認する	「〇〇様でいらっしゃいますね。」「いつもお世話になっております」「お疲れ様です」	
	用件を聞く	メモを取る。確認することを忘れずに。	
	電話を切る	相手がきるのを待って受話器を置く	
誠実に守る		1) まず守るべき法律、ルール、行動基準を明確にします。 2) 守ることが難しい場合も、「どのようにしたら守れるか」をトコトン考え、最大限努力します。 3) 与えられた責任を果たすことは、状況に応じて手を打つことです。	職場で好かれるタイプ ・約束を守る。時間を守る。 ・他人の話を良く聴く。 ・自分の立場になってくれる。 ・こころよく引き受けられる。 ・正直で誠実な人間。 ・自分より他人を大切にする。 ・ちょっとした事に心遣いができる。

99

(7) 部下指導のポイント

躾けて良い習慣まで持っていくには、叱らなければなりません。叱ることは怒ることではありません。

> 「相手のため、他の人のために」するのが「叱る」であり、「自分のために」するのが「怒る」です。

よく人格を叱るな、行動を叱れといいます。正確には、人格を怒ってはいけないということですが、怒るというのは自分の顔をつぶされたとか、自分の気に障ったとかで感情的になって相手を叩きのめして自分の下に押さえつけることです。つまり「怒る」とは自分の不満解消や相手を叩きのめしたいとの欲求を満足させるための、自分本位の行動です。

それに対して、「叱る」は問題点の軌道修正が第一。冷静に状況判断してあるべき姿にもっていくことです。これが冷静に叱る「指摘」。その「指摘」だけでも普通の人はあまり良い気はしません。そこでいやな思いをする方が結果として叱られた本人の成長につながります。叱るほうもいやなものですが、それを本人が自覚できれば本人にとってプラスです。そして結構その厳しさを求めている部下も多いということも、ここでは確認しておきたいですね。

また状況によって、感情が爆発することもあります。これが「叱り飛ばす」です。本気になって叱ることです。結果としてこれも叱られ手の成長につながります。

そして「叱る」をもう少し進めると「教え諭す」になります。相手の自覚を促し、仮縫いが本縫いになるのを願ってしっかりと布に縫い付けることが「教え諭す」ことです。「叱る」と「怒る」の違いを整理すると下の図のようになります。

第5章　成果を出すためのプロセス管理／マネジメント管理

「叱る」と「怒る」の違い

項目	叱る	怒る
心の様相	心に透明感がある。	心が暗く濁り、感情が渦巻いている。
相手本位か自己本位か	相手を考えて事実を指摘する相手本位。また結果として叱られ手の成長にもつながる、叱られ手本位。	自分の欲求不満解消や相手が気に入らないから叩きのめしたいなど自己本位である。
どのような行動になるか	その場で叱る（必ず叱る相手がそこにいる）。	一人でプリプリ怒ることもしばしば（相手がいなくても怒ることができる）。
どんな行動が次にくるか	教え諭す…	殴る、蹴る…

5Sではよく「3即」といいます。

> 「即時、即座、即応」です。
> 叱るときは「すぐ」（即時）に、そして「その場」（即座）で、「叱る」（即応）ことが大切です。

「鉄は熱いうちに打て」といいます。よくこんな上司はいませんか。「お前、そういえばこの間こんなことがあったが」…。そんな時部下は神妙な顔をしていますが、おなかの中でこう言っています。

「勘弁してくださいよ、課長。もう1ヶ月も前の話じゃないですか…」。

「叱る」を始めとした教育、クレームがあったときの再発防止についての取り組み、設定した目標の管理…。

叱り上手は褒め上手といわれます。褒めることはお世辞を言うことではありません。

褒めることは、相手の長所をさらに伸ばすために、心から自分の気持ちを伝えることです。お世辞とは、心に思っていないことを、口先だけで言うことです。

褒めることがなぜ大切かというと、褒めることは相手の理解につながるから

です。お世辞でなく褒めようと思うと、相手を理解しなくてはいけません。表面的に褒めると、逆に何か魂胆があるのではと勘繰られかねません。だから褒める場合は誠心誠意、思いを込めて相手を理解して、良いところを見つけて褒めます。

　自分を理解して認めてくれた人には、人間は心を開くものです。そこに「心と心のつながり」である「信頼」が生まれます。

　この信頼がないと叱っても効果は薄いですね。

　だから、褒めると叱るをうまくバランスさせなければいけません。

　二宮尊徳がこのあたりをうまく教えています。

> 「可愛くば、五つ教えて、三つ褒め、二つ叱って、良い子に育てよ。」。叱るより褒めるを多くします。褒めて、叱って、褒めて、叱って、また褒める。

　しかし、信頼関係が完璧にできていなければ叱れないかというと、そうでもありません。信頼関係ができるのを待っていると、いつまでも叱れません。叱らないと今度は逆に「この上司は俺に関心がないんだ。」とひがんだりひねくれたりしてしまうこともあります。

(8)「リーダー心得帖」

　部下指導が大切ですが、良いリーダーにはポイントがあります。参考までに「リーダー心得帖」を載せておきます。

第5章 成果を出すためのプロセス管理／マネジメント管理

リーダー心得帖

1. 計画・指示

項目	内容	留意点
計画・指示	・シナリオをイメージし優先順位を付け、バランスよく達成するようなストーリーを作ります。 ・仕事の優先を付け、いらない仕事を整理します。 ・「上から下から」周りから」情報や意見入手を心がけます。 **指示するときは原則として、** ・期限を定めます（あいまいな期限設定はだめ）。 ・数値目標を定めます。 ・必要な5W1Hがもれないようにします ～そうすると、数字と時間に敏感になり意識が変わります。 **育成** 簡単な仕事から少しずつ任せていきます。一人で自立した仕事（初めから終わりまで）ができ、成果を上げられるようにします。 最初に手抜きをすると、あとで直すのに多くの時間がかかります。 **良い方針とは** わかりやすい表現が大切です。価値観が込められている。前の状況の悪いところを改善するための努力の重点、要点が折り込まれています。	**キチンと伝えるには** 同じことを6回繰り返して初めて、全体の60％の意思や情報が伝わります。 **明文化すると従ってくれます** 口頭で言うと反発したり、無視されがちなこと、文書化されたものには従順です。 **経営参画させるとは…** 経営に参画させるということは、決定について参画する場合もありますが、むしろ「決定したことを実現するための方策に参加させることのほうが有効な場合もあります。 **権限とは** 経営方針にそって活動するために与えられる、計画を立案・実行する権利です。計画を実現するために行使することができる権利です。ただし、実行責任が発生します。

項目	内　容	留意点
良い目標	意欲を喚起する数字（高い目標だが、努力すれば実現できそうな目標）です。明快でわかりやすい目標です。	上司は生殺与奪権を持っていることを自覚する 文字通り、生かすも殺すも自由に行うことができる権限が直属上司に与えられます。上司の評価点は社長といえども変えられません。
良い行動プログラム	具体的な言葉で書いています（具体的な行動内容が想起される）。前の悪い言葉に対する打つべき手になっており、実行すれば目標達成につながるようによく練られています。	

2. 評価・改善

項目	内　容	留意点
評価	・目標の再確認を定期的に行います。 ・問題が無いとにこそ問題があると考え、目を凝らします。 ・現場に行って見る事が大事（見逃すものが有ります）。 ・出来た、出来ないかで判断せず、出来なかったかで判断します。 ・結果も大切ですが、そのプロセスも評価します。	現場の声をドンドン取り上げる 現場の声は前向きに聞きます。よい意見は本人に実行させます。そうすると真剣になって実行します。そうならないと人は辞めません。
改善	計画・指示・指導・改善のプロセス きちんと能力を判断して指示（目標は明確にせて）、理解させ →任せて→見守る→きちんとチェック、評価する→指導する（チェックシートを作っておくと指導の要点〜 〜相手の能力に応じての対応が必要〜	・もっと良い方法が見つかったら速やかに変更することも大切です。

3. 管理の枠組み

項目	内容	留意点
目標管理と日常管理	**目標管理** ・方針、目標、具体的計画による重点管理。 ・経営方針に基づき目標を設定し、具体的行動計画を立て進捗管理します。 ・評価し、詳しい状況を把握し、改善検討し、改善案を実行します。その実行状況を確実にフォローアップします。 **日常管理** ・仕事の基本は「仕事の基本心得帖」、日常の要点になる業務は「業務手順書」などを作成して、標準、手順に従い業務を実行します。 ・運用基準、行動基準を明確にしての管理です。 ・自己評価、上司評価をしっかり実行する。 ・上司がどのようにアドバイスできるかが要点となる。	**目標管理の要点** 全員がトップの方針にベクトルを合わせながら、部門そして個々人もそれぞれの方針を打ち出して目標を設定し、行動プログラムを立てて業務を遂行します。一人一人がミニ経営者として全体の経営に参画していくことが大切です。 1. 目標管理の重要性と実施について十分な認識と合意を全員で共有します。 2. 運用権限はできるだけ下位に委譲します。行動の実行責任は下位にありますが、目標実現責任は管理監督責任と共に上位者に残ります。 3. 管理サイクルは小さく早く回転させること、また、途中の区切りごとにきちんと評価と改善をフォローアップ管理を着実に実施します。 **信賞必罰** 罰は前もって明示しておきます。例外をつくらないことが大切です。失敗を取り戻せる制度も必要です。 **要点** 目標、行動プログラムの設定のときは関係者が全員で参加する。 **水準** 低いほうに流れやすい。…要注意です。

リスク管理	・悪い情報はより速く、良い情報はゆっくりでよい。 ・悪い情報を持って来たらほめても良い。悪い報告をしなかったら厳しく叱る。二度と報告しなくなるので、責任追及をしないことがポイントです。 ・トラブル処理は、その場にいる人で処理する。職階を飛び越して処理することも必要。飛び越されても怒ってはいけません。後の報告などのフォローアップはきちんと実行することが大切。

4. 促進（動機付け・説得・アドバイス・ほめる・叱る）

項目	内容	留意点
承認	承認 部下の現場での苦労や努力をわかってあげることです。誰もが、自分のことを上司に分かってほしいと思っています。部下の努力を理解し、話をよく聞いてください。	人が最もやる気になるのは、自分のためになる時です。
アドバイス	アドバイス 部下への積極的にアドバイスがとても大切です。日報などをよく見て、丁寧にアドバイスを書いてください。	
ほめて・叱る	［5つ教えて、そのうち3つはほめ、2つは叱る。］ 1）3対2の比率は、ほめる＋叱る＋ほめる＋叱る＋ほめる。 2）ほめたり叱ったりも1つが原則。 3）一個流しのほめ上手・叱り上手であること。 ・部下を動かすには 1）将来ほめるために、今叱る。 ①部下を理解してまず信頼関係を作る。 ②信頼関係ができて叱る。	気遣い、最高のもてなしです。 お母さんの心遣いで。 ［クリーン・ハンドで叱れ、 ダーティ・ハンドで叱ってはならぬ］

第5章　成果を出すためのプロセス管理／マネジメント管理

5. 良いリーダー・悪いリーダー

項目	内　容	留意点
リーダーとは	・リーダーの役割 → 場を作ること やる気のある2割、中間の6割、やる気のない2割が会社にいるとの262の原則 → 中間6割をやる気のある2割へくっつける ・成功するリーダー ①皆の期待するものを実現できる実力あり。 ②機略の縦横さ。 ③部下への対応の公平さ。 ・リーダーの器量 チンパンジー社会の例 ボス猿は①一番、掟を知っている。②一番、掟を守る。③仲間にもこれを守らせる。	部下の望む上司とは？ ①具体的に指示してくれる。②決断力がある。 ③結果責任をとってくれる。 チンパンジー社会の掟とは ①朝の挨拶を欠かせてはならない。 ②有効さを示すにはグルーミング（スキンシップ）を行う。 ③先取り特権を尊重する。 ④場合によっては分配する。 ⑤ケンカのときそボス又は仲裁する。 ⑥外敵に対してはボス又は率先して戦う。 ⑦渡しぐらいに帰っていくときは、弱いものを優先する。 ⑧ボス又は弱いものをかわいがり面倒を見る。
良いリーダー	部下をよく見てあげる | 項目	着眼点・具体的な取組み	要点
気づき	「憔悴しきっている」「疲れ果てて見える」「表情が暗く元気がない」「反応が鈍い」	以前と違った印象が感じられないか。
声かけ	「ちゃんと寝てる？」「何かあったら相談しろよ」	本人の相談がなくても声をかけてあげる。
つなぎ	専門家への受診を勧める。	本人に言う前に、社内の専門スタッフに相談する。	

これはもうパワハラ‼
こんなリーダーは部下を殺します。

項目	具体例
悪意で疑ったり、怒鳴ったり、侮辱する	・悪意のない部下を一方的に疑う。そして怒鳴る。 ・散々疑った挙句、事実が違ってもわびるどころか「疑われるのが悪い」と開き直る。 ・気に入らない部下や後輩の粗探しをし、侮辱する。
部下を冷遇したり、無視	・新入社員を「虫けら」呼ばわりする。 ・気に入らない部下の言葉を無視する。
責任転嫁する	・過失、業務上のミスを部下に転嫁する。 ・業務上の事故でも、実際に命令した上司が「そんな指示は出していない」「アイツが勝手にやったこと」などと関与を否認する

悪い
リーダー

第5章　成果を出すためのプロセス管理／マネジメント管理

(9) 良いリーダーチェックリスト

良いリーダーかどうかのチェックをしてみてください。〇をいくつ取れるでしょうか。

	項目	具体的質問	評価 (〇か×)
\multicolumn{3}{l}{良いリーダーチェックリスト 下記の質問にお答えください。あなたは〇をいくつとれるでしょうか。}	
1	業務管理	部下の業務量を把握し、業務が偏らないよう再配分をしていますか。	
2		業務を見える化し、無駄な作業を減らしていますか。	
3	報連相	指示は明確で、期限をはっきりと伝えていますか。	
4	人事・指導管理	朝の挨拶で、部下の様子を感じ取っていますか。	
5		部下の話をよく聞き、現場の苦労や努力を承認していますか。	
6		部下へは積極的に丁寧にアドバイスしていますか。	
7		部下の能力をきちんと判断し、それに応じた指示をしていますか。	
8		パワハラ的な発言はしていませんか。	
9	労務管理	部下の労働時間や有給休暇取得状況を把握していますか。	
10		自分自身が率先して、早く帰ったり有給休暇を取得するようにしていますか。	
			〇の数 /10

〇でなかった項目を頭に置きながら次を読み進めて下さい。

(10) 社員満足が顧客満足を実現していく

働き方改革はまず社員満足です。社員を大切にし、社員が満足すれば、その結果として社員は顧客を大切にし、顧客満足が確実に進みます。社員満足（ES （employee satisfaction））が顧客満足（CS（customer satisfaction））を実現します。

　会社はワークの部分、仕事の部分、そしてその該当時間について充実した取り組みを進めることが大切です。チームとしての業務プロセスを大事にする。そのためには後に述べる「方針・目標管理」「コミュケーション管理」「タイムマネジメント」そしてそれをうまく進めるための「報連相」「5S」が要点になります。

　IT機器をどのようにうまく使いこなすかということも大切です。業務の効率化には、今やIT機器は欠かせません。またテレワークをうまく仕組みとして機能させることにより生産性を上げ有効性を高めることも重要です。そして、それらを業務プロセスの時間の流れの中でうまく創り込むこと。それがとても大切になります。

（11）社員のやる気（モチベーション）を上げるには

　社員をやる気にさせることが大切なのは言うまでもないのですが、これが苦手だという経営者の方々も少なくありません。社員がやる気を出してくれれば言うことなしなのですが、どうすれば良いのかわからないという悩みを抱えている方が多いようです。しかし実は難しくありません。次の2つを心得て実行してください。それは1）承認と②アドバイスをどれくらいきめ細かくできるかです。

①承認

　これは社員や部下がどれほど現場での苦労や努力をしているかを心底わかってあげることです。社員は誰もが、自分のことを上司に分かってほしいと思っています。承認されなければやる気が出るわけがありません。

　それでは経営者や上司がやることは何かです。まず、話をよく聞くこと、そして部下の努力を理解することです。よくコミュニケーションが大事だと言いますが、まずは社員や部下の気持ちを吸い上げてみましょう。認められているだけでも社員や部下は安心して仕事に取り組めるのです。

②アドバイス

的確なアドバイスも大切です。営業日報などもよく見て「丁寧に」アドバイスを書く。短いコメントでも良いので、「丁寧に」書くことです。人が最もやる気になるのは、見られているときと期待されているときです。承認を受け、そのあと自分はどのくらい期待されているのか、その期待を裏切らないためには、何をすべきなのかということが明確になれば、仕事へのモチベーションは高まります。

ここで考えておきたいのは、不本意かもしれませんが、我慢の気遣いを求められることもあるということです。「気遣いは最高のもてなし。お母さんの心遣いで」という言葉があるとおり、世代ギャップのある若手社員に母親の心のように包容力をもって接し、気分をうまく乗せて、仕事に没頭してもらうことが必要なときが必ずあります。

気分が乗ってくれば仕事ははかどります。しかしなかなか気が乗らないことが多いのも現実です。従業員は会社のために誠実に業務を遂行する義務はあるものの、だからと言って強制力をもって仕事に就かせても、必ずしも良い結果は生みません。

どんなアドバイスをすれば仕事に乗ってくれるかは、個人差があるので一概には決めつけられません。でも、それなりに楽しい仕事で軽めのものを実行してもらい、その後、それなりに乗っている状態でメインの業務を任せるといった方法や、業務をまずは「見える化」してからスタートすることも有効です。朝一番で一日の仕事の段取りをメモに書き出してから業務をスタートします。業務内容は客観的に明確であればあるほど、スムーズに取り組めるものです。

③上手に褒める

社員の誰もが頑張って会社に貢献しようという気はあります。ただ、毎日の仕事に追われてしまい、どのようにしたら褒められるのかまで考えているわけではありません。もちろん、売上をあげ業績を向上させれば褒められることはわかっています。でも売上だけではありません。具体的にどのようにしたら褒められるか話をし、それができたら褒めます。だれだって叱られるより褒めら

れるほうが良いに決まっています。
④楽しんで仕事をする
　もう一つ申し上げたいのは、楽しんで仕事をすることです。楽しんで仕事をするためには、その仕事の主旨、業務プロセスの中でどのような位置を占めるのかといったこと、すなわち自分の業務に対する立ち位置を明確にしておきます。まさに、業務の、仕事の「見える化」が大切だということにつきます。わかって仕事をするのと、わからずに仕事をするのでは、同じ仕事をするのでも、天地の開きがあります。

(12) クレドはやはり有効
　会社としてまず取り組むべきことは、社員一人ひとりにその会社の目指すものを明らかに伝えていく必要があります。「満足を超えた感動を生むサービス」で知られている、かの有名なリッツ・カールトンホテル。スタッフがサービスを行うにあたり共通の価値観のベースとなっているものが会社方針の「クレド」であり、これをカードにして全リッツ・カールトンのスタッフが常に携行し活用しています。
　「クレド」を基本として社員一人ひとりの行動が、自らの価値判断のもとにとられていること、その根底には「リッツ・カールトンのメンバーの一員として、その企業に帰属していることに誇りを持つことが出来ること」が存在します。
　「帰属することの誇り・喜び」これこそがやる気を成長させる糧となります。
　彼らのやる気に支えられた会社こそが、これからの厳しい時代を乗り切っていきます。

リッツ・カールトンのクレド
　リッツ・カールトンはお客様への心のこもったおもてなしと快適さを提供することをもっとも大切な使命とこころえています。
　私たちは、お客様に心あたたまる、くつろいだ、そして洗練された雰囲

> 気を常にお楽しみいただくために最高のパーソナル・サービスと施設を提供することをお約束します。

リッツ・カールトンでお客様が経験されるもの、それは感覚を満たすここちよさ、満ち足りた幸福感そしてお客様が言葉にされない願望やニーズをも先読みしておこたえするサービスの心です。

(13) 社員エンゲージメント
①社員エンゲージメントとは？

「顧客満足」を生むためにはまず「社員満足」が必要…こんなフレーズを聴いたこともあるかと思います。

今はさらに一歩進んで、「社員満足」から「社員エンゲージメント」へ…「会社への愛着度」を高める事こそが企業の価値を高めることに繋がる、と考えられるようになってきました。

「満足」という組織に対する「関係性の評価」から、「愛着」という組織に対する「感情移入・貢献意欲」へと、「積極的・自発的な感情」へと評価の基準が深まってきています。

従来の「社員満足」では相関関係があまり見られなかった「企業の業績アップ」「離職率の低下」にも影響を及ぼす、この「社員エンゲージメント」について考えてみましょう。

会社組織に属したメンバーの会社への「社員エンゲージメント」が高ければ、「働いた結果においても高い成果が出る」という科学的分析データが最近発表されるようになりました。

つまり、「社員エンゲージメント」の高さによって会社への貢献度が変わってくるという事です。

例えば、アメリカのヘルスケアや高齢者の生活市場に食品や食事のサービスを提供する Morrison Management Specialists 社では組織文化の浸透戦略やマネージャー・リーダーのコーチング強化などを通じで社員に対して働きかけを

行ったところ、結果として「社員エンゲージメントが 30％増加し、さらに顧客満足も 16％の増加した」とされています。

また、ニューヨークの高級デパートである SaksFifthAvenue 社では、社員エンゲージメントの強化により顧客に対するサービスの質の向上が見られ、結果、売上やリピート率など、「顧客満足度が 20 ～ 25％改善した」との報告もあります。

米国の建設機器大手、キャタピラー社では、「社員エンゲージメント」を高める施策を実施し、「エンゲージメントスコアを 8％改善」することにより「売上 300％の伸長」に成功しました。

これらのデータの積み重ねからわかったことは、「社員エンゲージメントが 1％増加すると 0.6％の売上増に貢献できる」ということです。

「社員エンゲージメント」とは会社組織と社員との関係性を表し、人と企業のそれぞれの成長に関与する重要な指標といえます。

②なぜ「社員エンゲージメント」を向上させる必要があるのか

会社組織であれば、そこに働く社員に対して責任が生じます。そこでは社員の人生を、さらにはその社員を取り巻く家族の人生に対しても少なからず責任を負っていることに意識を向けなければなりません。

ジョンソン＆ジョンソン社のクレドにみるように、会社は社員との関係性をより深めていくことが必要です。

単なる雇用契約による「労働力の提供と対価としての報酬の発生」だけでは、生み出されるものは僅かです。社員が自らの人生の目標を極める為のステージとして今の会社との縁を感じ、そこに属していることに誇りを持ってもらうことが大切です。

「社員の意識の高さ」とは本人の「会社に対しての満足や想い」に裏付けされたものであり、「満足や想い」を育むことこそが会社組織に求められることです。

会社への「貢献意欲」の高い社員は、会社目標の達成意欲が高く、会社目標達成の中に自らの存在意義を見出すことが出来ます。

第5章　成果を出すためのプロセス管理／マネジメント管理

　さらに、「会社目標に社員のベクトルを合わせる」という言葉がありますが、社員一人ひとりの意識が組織の目標と共有でき、その目標に向けて迷わず行動しているか否かで、会社の成果は大きく変わってきます。集団の力は個の力の足し算ではなく、相乗効果による掛け算として成果を上げることが可能だからです。

　人は感情を持ち、その行動は気持ちのあり方で大きく変わります。ただ理性によってやるべきことを判断して行動をする人と、心のやる気に後押しされた人の行動とでは、おのずから成果が異なります。潜在能力として社員の才能を眠らせておくのか、顕在能力として十分に発揮してもらうかは、会社側の対応も係わってきます。

　縁あって共に同じ目標に向けて歩むに至った社員一人ひとりが、自らの成長を感じつつ、日々邁進することが出来る環境整備に、会社組織は取り組むことが必要です。

③建設・鉱山機械分野で日本を代表する小松製作所が取り組んだ事例

　日本で最も有名な事例としては小松製作所の取り組みがあります。2012年4月、建設機械の日本でのシェア1位、世界で2位を誇る小松製作所が、社員エンゲージメント強化に乗り出しました。

　社員エンゲージメントを高める為、最初に取り組んだ内容は、マネージャー層に対しての研修とワークショップでした。現場の社員のエンゲージメントを左右するのは直属の上司であり、現場を管理するマネージャー層こそが他の社員の先導役となり火付け役となることが求められるからです。

　変化を起こすためには、そこで働く人が変わっていかなくてはいけません。特に社員エンゲージメントを左右するマネージャー層は、自身のチームメンバーのエンゲージメントを高める以下の方法を知らなければいけません。

1) 信頼
　現場の社員が信頼のもととなる安心感や絆を感じることが出来る関係性が出来れば、新しいことへの取り組みに対しても積極的に取り組む姿勢が

見られるようになります。保身のためのリスク回避としての事なかれ主義は、信頼関係の低い組織で生じやすい傾向があります。マネージャーに対する信頼感が組織に対する信頼感に変わり、周りとの情報共有を通じて、イノベーション、新たなステージに向けて挑戦する意欲を生み出す環境が整います。

2) モチベーション

　必要最小限の仕事ではなく、新しい挑戦ができて成長できそうな仕事に対して、人はよりやりがいを感じ、一生懸命モチベーション高く取り組むものです。さらに社員に自信を根付けさせることが出来ることがマネージャーには求められます。社員の成長を見逃すことなく、承認することで人のモチベーションは持続します。モチベーションの高い社員は同時に会社への貢献意欲も高い人材に成長することが出来ます。人を活かす為には如何にしたら社員のモチベーションを高められるかを知る必要があります。

3) チームワーク

　一人ひとりがオープンなコミュニケーションや密な連携を取ることで、より大きく難しい挑戦に踏み込めるようになります。人は一人ではその成長に限界があります。共に学ぶ、共に競い合うことを通じ切磋琢磨し成長していくものです。チームの中での責務を全うすることで、お互いがお互いを認め励まし、高めあうことが可能となり、組織・チームの成長とともに自らの成長が認められる環境が大切になってきます。価値観は全ての人が同じではありませんが、他の人の価値観を理解・尊重しようとすることからチームワークは形成されます。

4) 権限委譲

　現場の社員を信頼し、権限を与えることで、より一人ひとりが自分の考えが必要とされていると感じるようになり、より強い責任感の元、仕事に価値を見出すことができるようになります。これらを実践させる研修やワークショップを行うこと、さらに価値観を記した小冊子「コマツウエイ」

第5章　成果を出すためのプロセス管理／マネジメント管理

の配布や育児・介護支援休暇制度の導入により、小松製作所はエンゲージメントを半年で33％から70％へ、工場のパフォーマンスを9.4％向上させることに成功しました。

④会社としてエンゲージメント向上の為に取り組むべき内容

　あなたが社員であったら、どのような会社であれば、やりがいをもって日々自分の最大限の力を発揮しようと思うでしょうか？人によって価値観は様々、強く興味を持つ対象も様々ですが、少なくとも自分を大切にし、その存在意義を尊重してくれる企業においては、誰しも人は前向きな意思を持つはずです。一人ひとりと向き合い、一人ひとりの想いを受け止めることが出来る、組織風土が求められます。

　自分の成長を感じることが出来る、ステージや環境が与えられる企業に対しても忠誠心、納得感を得ることが出来ます。個人の積極性等個人差がある為、本人特性を見極めた上で身の丈よりやや高めの目標にあえてトライさせることも必要です。規模の大小は問わず、プロジェクトや小集団活動において責任ある立場を積極的に経験させることも重要です。

　メンバー間の意見調整等グループの長としての経験を通じて、人を動かすことの難しさやメンバーのモチベーションアップに向けての働きかけ方、さらにコミュニケーションの重要性を学びます。問題解決に向けてグループ長として自らの意思決定が問われる状況では、新たに責任と権限委譲に関して身をもって知る機会となり、組織への責任感や貢献度が高まります。

　プロジェクト評価の際、評価基準として短期的なプロジェクト等の最終成果だけにとらわれず、今後の組織内での立ち位置や動き方を再考させるという長期的な視点からの成長を促すことが可能となります。

　社員エンゲージメントを高めることは組織としての目的ではなく、一つの指標に過ぎません。会社として社員の能力を高める環境、彼らの無限の可能性を引き出す環境を整えることが結果として「社員エンゲージメント」を高めることとなります。

第6章

業務改善の切り札「報連相」と「5S」そして「タイムマネジメント」

1. 効果的なリーダーシップのためには、確実なコミュニケーションが必要

　効果的なリーダーシップのためには、確実なコミュニケーションが必要です。
　「報連相」は上下の「報告」、横の「連絡」、そしてその結果をきっかけにしての「相談」です。コミュニケーションのあり方の根本的な考え方のモデルです。
　リーダーがうまくリーダーシップを発揮するには、「報」が極めて大切です。上からの「指示」と、それに対する下からの「報」です。面と向かって指示する場合は、良いのですが、今重要になりつつある、テレワークなどで仕事をする場合は、指示が確実に伝わったかどうかが重要です。LINEの「既読」機能がとても良いと改めて感じます。これがないと指示が確実に伝わったかどうかよくわからない。
　働き方改革でも、今喫緊のテーマの一つです。今書いているこの本ですが、一人ひとりが別々に独立事業主として仕事を進めていますので、なかなか執筆活動がうまく進みません。業務のスタイルが、今話題のテレワークそのものです。集まって、「フェイスツーフェイス」、「顔を突き合わせて」のコミュニケーションが、とても大切なことを実感します。
　「チャットワーク」というアプリを使って意思疎通を図っていますが、情報発信しても読んだか読まないかわからない。面と向かって指示を出す場合、大切なときは「復唱」させるのが基本です。しかし、チャットワークでは、とりあえず伝わったかどうかさえもわからない。
　その点LINEは良いですね。コメントを読めば「既読」と表示されます。その「既読」表示の重要性あらためて実感します。
　リーダーシップをうまく進めるためにも、そしてその前に有効な業務の遂行には、「報連相」のコミュニケーションは重要です。

2. 報・連・相

(1) 報連相とは

①報告

「報告」は部下から上司への「義務」です。適切な内容、頻度、タイミングで報告がなされていれば、組織は効率的に動くことができます。

> 「すべき報告がなされない」「常に報告が遅れる」「報告される内容が曖昧で、要点がずれている」「事実か憶測か意見なのかかよくわからない」などのように、適切になされない場合、生産性を著しく低下させる要因となります。

②連絡

「連絡」とは自分にとっては価値がなくても、周囲や組織にとって価値がある情報を共有するために、伝えることです。

必要な人と共有せず、自分一人で抱え込んでいるケースは、組織でよくみられます。

> 連絡は、社員一人ひとりによる「協力する意思」のマインド的要素と、システムやルールといった仕組み的要素を掛け合わせることで有効に機能します。

③相談

「相談」は「問題解決」です。成果の上がらない人ほど、ムダに考え込むということが多い。成果を上げる人ほど上手に相談して、スピーディーに問題解決を図ることができています。

> 社内には、自分がもち得ない専門知識や経験をもつ人材が必ずと言っていいほど存在します。直属の上司であれば、部下が直面する問題をすでに経験済みであることも少なくありません。

相談が有効に機能すれば、それだけ問題解決に要する時間や労力が削減できます。

④悪い情報は、より早く報告する

報告のタイミングをルールとして明確にしている会社がどのくらいあるでしょうか。

> 一般的な傾向ですが、上司は報告のないことにイライラしますが、部下はそれほど報告の必要性を感じていません。

これは、報告の一定のルールがあれば防ぐことができます。

> たとえば、「悪い情報は早く報告する」というのが鉄則です。

ところが、いざ何かに失敗したときには、報告する前に何とかならないかと自分なりに対処して、傷口を広げてしまうことが多いものです。

悪い情報はなるべく言いたくないし、叱られるのはいやだし……。

しかし、早く報告して上司の助力があれば、大きな問題にならないことが少なくありません。

⑤トラブルは初動が大切

トラブルは初動が大切です。「組織的に手を打つ」とはトラブルが発生したときに、上司が「力量、責任と権限」を生かして効果的な手を打つことです。それを仕組みとして作っておくことが重要です。仕事の手順書ができていると、叱りやすいものです。

手順書があれば「○○手順書」に書いてあるように、トラブルがあったらすぐに報告にきなさい。「あなたのとった行動でまずかったのは、トラブルを起こしたことではなく、それをすぐに報告にこなかったことです。今後は注意してください」と、その場で言うことです。

叱り上手が多い会社は、発展します。

逆に、手順どおり実行しなければ叱らないといけませんから、手順を決めることには慎重になる必要があります。慎重に決めて、決まったら徹底して実行

します。実行できない人は叱ります。これを繰り返していけばルールを守ることに真剣になり、会社に緊張感も出てきます。
⑥悪い報告が出やすい体制作りが大切

　「悪い情報」は「見える化」することが大切です。問題が発生したらそれを元に改善します。自然と問題点や改善点が仕組みの中で見えてきて、改善が図れていきます、そんな会社は透明感のある会社で、風通しが良い会社でとても優秀です。

　しかし、悪い情報ほどコミュニケーションのパイプが澱んでしまうのが普通です。トラブルが起こっているわけですからその対応でまずはてんてこ舞いです。目先を乗り切らなければどうしようもありません。だから報告は後回し。上司が傍にいないということもあるかもしれません。すでに少しでも報告していれば、報告自体の必要性が低いと感じられることもあるでしょう。そして悪いことを報告することがイヤだという感覚もあります。たぶんそれが一番大きいかもしれません。

> リスクマネジメントの観点からは「一人で解決しようとしないこと」が要点です。後が怖いから自分ひとりで解決しようと思うのですし、周りの人の支援を仰げば解決力は何倍にもなります。また、解決力は権限を持っている人ほど大きいわけですから、より上位者の支援を仰げば、ことがスムーズに運ぶことにもなります。

　その場に直属の上司がいなければ飛び越してその上の上司に助けを求めても良い。まずその場にいる人で解決する、周りに連絡し解決の輪を広げていくことです。それが組織力を生かすということです。

　「悪い情報ほど早く、良い報告は後でも良い」。大切な原則です。

> 【悪い情報はとにかく早く‼】
> 悪いことほど、会社にとっては必要な情報です。言いづらいことも多いですが、真っ先に伝えることが大切です。

> 仕事でミスした時は、早めに上司に報告をして指示をあおぐこと。仕事が遅れそうな時も同様。期限直前になって「できません」と報告するのでは、上司は対処のしようがありません。
> 良い情報は後回しでよい。トラブル対処は初動が大切です。

⑦文章での報告・連絡

　できるだけ短い文章で、伝えたいことを的確に表現します。4行以上は読む気になりにくい。結論を先に書き、その後、理由や経過説明、関連事項などを必要に応じて書きます。

　文字は楷書で、ていねいに書きます。誤字、脱字に注意し、必要に応じて図表や色分けなど、視覚的にもわかりやすくする工夫しましょう。

3．「5S」は業務効率化の最適ツール

(1) 5Sの内容

　「整理、整頓、清掃、清潔、躾」を5Sといいます。

　5Sというのは整理（Seiri）、整頓（Seiton）、清掃（Seisou）、清潔（Seiketsu）、躾（shitsuke）のそれぞれ頭文字をとっての名称です。

　最後のSは習慣（Shuukan）という人もいます。この5Sは職場環境を良くするための運動です。誰でも清潔で整頓されている職場は気持がよいものです。

　5Sについてまとめると以下の表のようになります。

5Sの内容

項目	意味・内容
整理	必要なもの不要なものをハッキリ分けて不要なものを捨てること。
整頓	残った必要なものを使いやすいようにきちんと置き、誰でもわかるように明確にし、いつでも取り出せるようにすること。
清掃	常に掃除をし、きれいにすること。気持ちをこめて手入れすること。
清潔	整理・整頓・清掃がキチンと行われている状況が、維持された状態。
躾（習慣）	決められたことがいつもキチンと実行できるようにすること。

(2)「整理」とは不要なものを捨てること

「5S」の一番手は整理です。これはいらないものを処分すること。「必要なものを必要な時に必要なだけ持つこと」です。だから不要なものは捨てます。

不要なものは場所の無駄ですし、仕事をするにも邪魔になります。また、無駄な動作なども整理します。

整理できなくて一番困るのは、本当に必要なものの管理がおろそかになることです。物事には何事もメリハリが必要で、何もかも取っておくと、本当に大切なものが見えなくなります。整理できていないムダの数々。以下の図表をご覧ください。

整理ができていないと発生するいろいろな無駄

いろいろな無駄	無駄の内容・意味
スペースの無駄	・無駄な資料や書類は、事務所スペースを狭くする。 ・不要な在庫や機械で狭い工場や倉庫がますます狭くなる。
無駄な資料	・不要な資料や書類、名刺などを持ちすぎると、探すときに目的物が見つけにくい。 ・資料の作りすぎは、紙などの資源の無駄遣いで環境にも悪影響。
無駄の多い報告書	・ダラダラの報告書は結論をつかむまでに時間がかかるし、聞くほうもイライラする。
持ちすぎの文房具	・不要な文房具は、お金を要らないところに使っていることになる。お金の無駄遣い。
無駄な動作	・余分なものが置いてあると、そこで仕事をする人の動きが大きくなり無駄な動作が生じる。時間と労力の無駄遣い。
不要な仕掛品、在庫、設備	・無駄なところにお金が使われている。それがあるとスペースを取る。 ・邪魔なものはつい粗末に扱われるので汚くなる。 ・雑に置かれていると、つまずいたりして事故につながる恐れがある

(3) 整頓とは必要なものがいつでも取り出せること

整頓は、整理で要らないものを捨てて残ったものを、きちんと並べることです。うまく整頓されていると、モノが「誰でも一目でわかるところにある」から、「誰でもすぐ使える」そして、置き場所がはっきりしているから「誰でもすぐに戻せる」です。

5Sではよく「3定」という言葉を使います。この「3定」が整頓の極意です。その内容は「定位」「定品」「定量」ということ、置くところが決まっていて、置いているものの名前表示がしっかりあって、置く量も決まっているということです。

> 【3定】
> 定位：置くところが定まっている
> 定品：何をおくか定まっている
> 定量：何個置くか定まっている

物をなくす人は「定位」ができていません。大切なものは入れるところを決めておきます。財布や定期入れなど決まったところに入れているでしょう？

レストランに入ってさっと支払って、財布を元のところにさっとしまいます。なくすということは、出した後に元に戻さないで、戻したことの確認もしないからです。また、定位置を決めていないと元にも戻せません。

大切なものは出したらその後、しまうときに確認することがとても大切です。そうすると大事なものはなくなりません。

「定品」つまり品目表示をしっかりすることも大切です。定まった品物が定位置にあるには、表示がしっかりとできていないといけません。品目表示ができていないと、やはり使っても元に戻せません。これは識別表示をしっかりとすることです。

3つ目が「定量」です。「定量」は置く数量が決まっていることです。その置き場所に、何個置くかですね。これは倉庫などで材料などを保管する場合には特に要点になります。そこで一定の数以上に在庫があれば、多すぎるわけです。どこかで何かが停滞しています。そのしわ寄せがその材料置き場に来ているわけです。何がまずかったのでしょうか。計画以上に購買をしたか、生産が順調に行っていないのか、ヒョッとしたら生産計画自体に問題があったのかもしれません。課題がそこにあることは間違いありません。課題が自然に見えるようにする業務の見える化はとても大切です。課題が見えれば、その分析を通

第6章　業務改善の切り札「報連相」と「5S」そして「タイムマネジメント」

して、打ち手を検討して実施すれば業務改善が図れます。

(4)「清掃」は手入れすること

　不要なものを「整理」し、必要なものだけを「整頓」して、いつも取り出しやすくしていても、そこにホコリがたまっていては何にもなりません。コピー機がたびたび故障すると、事務機器の会社にクレームをつける会社がありますが、そんな会社に限って、事務所の隅っこの一番ホコリがたまる場所にコピー機を置いていて、ホコリまみれになっても平気です。これでは故障しがちであるのも当然です。そこで必要になるのが「清掃」です。

(5) 清潔は「整理・整頓・清掃」の3Sを維持すること

　次は「清潔」です。「整理」「整頓」「清掃」がきちんとなされていれば「清潔」なはずです。前の3つがそれぞれ動詞であるのに対して、「清潔」だけはその後に「する」がつきません。「状態」を表す名詞です。「『清潔』は『整理・整頓・清掃』の3Sを維持すること」と定義できます。

　しかし、これが現実はなかなか大変です。

・5Sを推進しても、最初の1～2週間はきれいだが、そのうち元に戻ってしまう。
・ファイルの保管場所はすぐに乱れてしまって、毎日整頓しなければならない。
・ゴミや紙くずが床や階段に落ちていても誰も拾わない。
・文房具なども各個人でややもすると増えがちになり、定期的にチェックしなければならない。

　こんな状況はどんな会社でもよくあることです。これを防ぐには絶え間なく、「整理」「整頓」「清掃」の3Sを粘り強く繰り返すことしかありません。これは言い換えれば良いクセをつけることです。つまり3Sの習慣化です。これには会社全体で5S運動を進めることも大事ですが、むしろ個人個人の意識

の持ち方の要素も大きいですね。個人の意識改革を進め、５Ｓ運動を通じて組織風土の改善を組織的に進めることが要点になります。「整理整頓の習慣化」についてまとめましたので参考にしてください。

整理、整頓、清掃の習慣化

躾の項目	主な取り組み
整理の習慣	書類をもらったらＡＢＣにランク分けしてファイリングする。不要なものは捨てる。
整頓の習慣	やりっ放しにしない。原形復帰。元に戻す。
清掃の習慣	階段、廊下、身の回りなどにゴミが落ちていたら拾う。

(6)「仕付けて」良い習慣にする「躾」

　５Ｓの最後は「躾」です。清潔を保つのはなかなか大変で、５Ｓ推進運動を始めても１～２週間は何とか皆の気持も張り切っているし何とかなります。しかし、１ヶ月もすると元のもくあみで初めと変わらない状況にすぐ戻ってしまいます。そんな会社がけっこう多い。

　ここで必要になってくるのが、「整理」「整頓」「清掃」をしっかり行って「清潔」を維持する意識や気持ちです。

> しっかりと頑張れる組織風土があるところだと良いのですが、締りのない社風のところだと簡単に気分が緩んでしまって「清潔」がすぐに「不潔」になります。「躾」の行き届いた会社は明るい挨拶や活気もあって、そこを訪れた人にも気持がよいものです。

　「躾」は本来の漢字ではありません。その証拠に中国にはこの字はありません。日本独特の漢字つまり和製漢字です。裁縫などで縫い目がズレないように、仮にざっと縫い付けておく「仕付け」が「躾」の語源といわれています。子供が一人前になって世の中に出たときに、世間とズレないように、縫い付けておくことが躾です。だから躾とは、決められたルールをいつもキチンと守る習慣づけです。「仕付けて」良い習慣まで持っていくことが大切です。

　世の中のルールや、守るべきこと、あるべき姿に添わせ、相応に身につけた

ら、後は応用です。

(7) 情報化社会だから5Sが一層大切になる
①電子データ管理について

　データとして保管しているはずなのに、探しても探しても見つからない。結局無駄な時間をしっかり使ってしまうことがよくあります。これは情報の整理、特に電子データの管理が出来ないということです。

　それを防ぐには、なんといっても表示名をはっきりさせること。特にフォルダ名ですね。フォルダは、多重構造になっており、多くのフォルダが、重層構造で格納されています。その重層構造のルールをストーリーを明確にして、すぐに情報をたどれるようにすることです。格納についてのストーリー性の明確化です。分類を確実に実施し、そのストーリーについての文書化もしておきます。

　日付管理により最新版管理を可能にするということをここで確認したいと思います。フォルダの日付をどうするかというのがなかなか難しい問題です。

　基本的にはファイルはすべて日付管理、フォルダは状況に応じて日付管理します。

　すべてのフォルダについて、日付を明確にし、日付管理することがあるに越したことはないのですが、ファイル一つを変更しただけで重層構造のすべてのフォルダの日付を変えないといけないとするとこれは大変です。一番下のフォルダのみ、最新版の日付をするだけでも良いのかもしれません。

②捨てる基準を明確にして不要なメールはどんどん捨てる

　毎日来る電子メールはすごい量に上ります。これを処理するだけでもかなりの時間がかかります。一つひとつ開けて、中の方内容を確認して捨てる捨てないを判断するとなると、時間がいくらあっても足りません。それこそ時間の無駄です。

　これを効率的に実施するには捨てる基準を明確にすること。そしてその前に、毎日来るメールについて内容をよく分かっていることが必要です。文章の

表示名を見て内容が分かれば、捨てるものか捨ててはいけないものか判断ができます。判断がつかないものに着いてはフォルダを作成し、とりあえず取っておく事も必要になるかもしれません。そのような場合、例えば「とりあえず保存」フォルダを作っておきます。そして期限を決めておいて、再確認します。

電子データ管理にはバックアップの仕組みも大事です。今はクラウドコンピューティングが充実していますので、クラウドによるサーバーを活用するのがうまい方法です。

(8) 5Sチェックリストで確認する

5Sチェックリストです。あなたの事務所は○をいくつ取れるでしょうか。

5Sチェックリスト（事務所用）

	項目	具体的質問	評価（○か×）
1	整理	書類棚やロッカーは乱雑ではないか。不要なものはないか。	
2		個人の机は乱雑ではないか。（文房具、書類の状況。私物？）	
3		整理の基準（要・不要の基準）はあるか。	
4		掲示物は整理されているか（期間外のもの、汚れ…）。	
5	整頓	書類や備品の配置は決まっているか。使いやすい配置か。	
6		書類や備品は配置通りの場所に置かれているか。	
7		倉庫の置き場表示、保管物の品名表示はルール通りか。	
8	清掃	掃除の分担が決まり、実行されているか。	
9		ゴミ箱があふれていないか。窓や棚はきれいか。	
10	清潔	制服などの着衣は清潔か。	
11		トイレは清潔か。	
12		社用車は汚くないか。	
13		事務所内の排気や換気は良いか。採光は十分か。	
14		階段、廊下などごみがあれば拾っているか。	
15		使ったら元に戻すなど、原型復帰ができているか。	
16	躾	挨拶はできているか（朝と帰りの挨拶、ご来客時など）。	
17		時間は守られているか（待ち合わせ、会議、休み時間など）	
18		ルールは守られているか（決められたこと、服装など）。	
19		喫煙は所定の場所で吸われているか。吸殻の後始末はどうか。	
20		電話やご来客の応対は気持ち良くできているか。	
			○の数 /20

4. タイムマネジメントとは

(1) タイムマネジメントとは

　ここでいうタイムマネジメントは、単なる時間管理と捉えるのではなく、効率的に仕事を行い、生産性を向上させるための時間術としてのマネジメントであると捉えます。そうすることで、タイムマネジメントの「タイム」が「効率化された最適な時間配分」のことで、それを「現実のものにする」ことが「マネジメント」であることがわかってきます。

　タイムマネジメントにおける要点は、過去・現在・未来すべての時点での「見える化」を行うことです。まず、ひとつの仕事に費やした時間はどのくらいだったのかを記録します（過去）。それを踏まえて策定した手法は計画通り遂行できているかを把握します（現在）。そして、実行後の検証を通じて、どのように新たな計画を立てればよいのかを策定します（未来）。これらそれぞれのタイミングで、徹底した時間管理を行うのです。タイムマネジメントの最終的な目標は、未来を予測し、最適なタイムプランを検討・作成し、実行後のフォローをすることです。

　タイムマネジメントは、未来を予測し、最適なタイムプランを検討し、作成し、フォローすることです。

　タイムマネジメントは「過去・現在・未来」の見える化が要点になります。過去を踏まえ現在があります。そしてこれからの未来への計画になります。今すべきtodoの明確化が、タイムマネジメントの要諦です。

(2) 「仕事の段取表」を作成する

　初めに、仕事の段取りを明確にします。具体的な手法をご紹介します。下図の「仕事の段取り表」をご覧ください。段取りがわかるように、その日の仕事の段取りを明確にします。そうすると、実は、この段取り表が段取りの仕方そのものであって、そのまま仕事の手順の見直しにつながることがわかってきま

す。仕事の段取り表の重要性を感じてください。また、あとで見直しをすることを想定して、業務での問題点などを書く欄を予め用意しておくことが大切です（次項「気づいたこと」など参照）。

　仕事の段取表は1日の段取りを明確にするものです。

　その日の業務の重点実施項目、内容を明確にし、チームの人たちにも共有フォルダーを通じてわかるようにしておきます。

　チームでの協力、帰宅予定時刻も書くので、それに合わせて自分はもちろん、周りもそれに対して配慮ができます。

　そして大切なことが、1週間が終わりそれをまとめてのチームでの打ち合わせ会議です。

　仕事の協力の仕方、自分の業務取り組みについて報告し、課題を明確にして検討するので、継続的改善になります。

　これが業務の見直しに通じます。

第6章 業務改善の切り札「報連相」と「5S」そして「タイムマネジメント」

仕事の段取表例

○○部 ○○課 氏名○○○○	今日の業務の要点 1. ○○を仕上げる 2. 14時から○○さんとの打ち合わせ		20○○年○月○日
スケジュール	項目	内容	留意点
9時00分～9時10分	朝礼	○○を報告	
9時10分～11時30分	報告書作成	○○○○	○○○○について忘れないで書く
11時30分～12時00分	○○確認		
12時00分～13時00分	昼食	○○○○とランチ	
気づいたこと		考えられる改善策（わかる限りでOK）	
本日の退社予定 17:00			

● 翌月曜日9時30分に○○主任に提出。その後チームミーティング。一人ひとり、前週の報告、今週の予定、今週の業務の要点、メンバーに協力していただきたいことなどを連絡。改善策なども検討する。

(3) 業務改善ミーティング

①ムダな時間の洗い出し

　ここまで、仕事の段取りから業務手順を最適化することを目指してタイムマネジメントを行うことを掲げて記述してきました。しかし実は、業務手順や仕事の仕方などを再検討する目的は、「ムダの洗い出し」のためです。それだけ、どんな業務にも必ずと言っていいほどムダな時間が潜んでいます。

　例えば、業務と業務の間に必ず一服といって喫煙室に行っていませんか。何かにつけて給湯室に行っては談笑したりしていませんか。あるいは、会議の準備のために膨大な資料とレジュメを作成して印刷配布しているが、実際の会議ではあまり使わないという悪しき習慣がありませんか。メール一本ですむ連絡事項のために長々と朝礼をしたりしていませんか。モバイルで済ませられる報告書の作成のために、顧客先から帰社しなければならないルールになっていませんか。などなど、おそらくどんな業務やどんな職場にも必ずや省くことのできるムダな時間が潜んでいます。そして当たり前のように習慣化されていて、これが絶対に必要なことだと思い込んでしまい、実はムダなことだったということに気づくことができないかもしれません。しかし、5分10分でも「ちりも積もれば山となる」です。お茶飲みの時間を5分3回行えば1日15分。週5日勤務で1時間15分、月20日勤務なら5時間、年間総労働日数が240日だとして実に年間60時間をお茶のみに使っている計算になります。これをどう考えたら良いでしょうか。ムダと判断されるでしょうか。本来業務からすれば、できれば無くしたいムダな時間と言ってよさそうです。

　ただ喫煙について、良い点もあります。仕事の緊張を解きほぐす効果です。少数の方の気持ちも大切にしなければいけない。だからここでは、十分なコミュニケーションが必要です。なかなか一刀両断にはいきません。しかし、喫煙が無駄省きの好事例であることは間違いありません。

> 何でもかんでもムダだからと言って、従業員をがんじがらめで仕事だけに拘束すべきだと言っているわけではありません。従業員同士で何気ない会

第6章 業務改善の切り札「報連相」と「5S」そして「タイムマネジメント」

> 話も含めてのコミュニケーションもとても大切です。

　喫煙室での何気ない会話から業務改善のヒントになったなどの事例を耳にすることもあります。課題となってくるのは、どこまでを許容し、どこからムダと判断して排除するのかということです。洗い出しの要点は、どんな業務にも、何かしらの無駄な時間が潜んでいるのではないかという視点を常に持ってチェックしてみることです。

> そのとき、5W1Hの中でも、特に「Why＝なぜ」に注目してみてください。その業務が本当に必要なのかどうかということについて重点的に見ていくことです。

　現状を打開すること、新しいことに挑むことは、「なぜ」この作業を行う必要があるのだろうかという視点で意見を出し合い、徹底的に考えるのです。そうすることで、業務のムダ（かもしれないと思われる事柄）は洗い出されてきます。

②ルール設定

　ムダかもしれないと思われるものが洗い出されたら、一つひとつにルール設定をしてみます。先ほどの例で考えれば、お茶入れにしても、購入品（有料制）に切り替える、当番制にする、朝や昼休憩時のみに限定するなど工夫ができるかもしれません。また、会議資料も作成者に必要なものだけを準備するよう、明確に指示を出すことや、会議資料の事前配布、電子データファイル形式による配布などに切り替えれば、印刷の手間と時間と印刷代金が節約でき、その分本来業務に時間を割くことができます。コピーの取り方にしても、両面で作成するのか、何枚以上からはコピー機ではなく印刷機を使うのか、ホチキス留めにするのかパンチ明けにするのか、編綴にするのかバインダーにするのか、など細かいようですがルールを設定してみてそれを運用してみることでムダに気づくこともあるはずです。

　このときに、大事なことは基準の明確化です。現場のルールは現場の人員に

よって作成されることもあるでしょう。そのときに、会社全体の方針やどの程度までは許容できることなのか（先ほどの例で言えば1日何回まではお茶時間を許すのか）は、明確に基準設定をすべきでしょう。これは、部署ごとにルールの差が生じないようにすることで、全体最適を目指すタイムマネジメントの本質にもつながってきます。

③時間のムダの発想転換

　ここで今一度、何のためにムダを排除するのかを問うてみますと、それは、必要となる時間をなるべく短くして最大の成果をあげる、すなわち「生産性を向上させるために行う」という答えに行き着きます。そして、実はこのことを多くの経営者が当たり前のこととわかっていながら、実行できずにいることではないでしょうか。いわば、ビジネスにおけるタイムマネジメントの意義は、この生産性向上にこそ存在するわけで、タイムマネジメントの大義がムダの排除なのです

　その一方で、ムダな時間の排除には、実利的に、スケジュール管理・工程管理にも大きく影響することが考えられます。例えば、今日中に案内状の最終原稿を作成しないと、発送スケジュールに狂いが生じるとなれば、何が何でも今日中に終らせなければならなりません。それはつまり残業をしてでもです（本書は、残業ゼロを絶対視する姿勢を採っていません）。でも、その締め切りを従業員間で共有できていれば、自分の担当業務の目処が立ち次第、「今日中」の業務に加勢することもできます。しかも、業務内容についても共有できているので、いちいち初めからレクチャーを受ける必要もないわけです。このように他者の担当業務をも意識して業務に取り組むことができるようになれば、ムダな時間の排除それ自体が目的なのではなく、業務の必要性から生じた当然の帰結としてのムダの撲滅なのです。そして、これは中小企業の強みとも言えるかもしれませんが、従業員の信頼関係が築かれている職場であれば、ムダを極力省くことは当たり前のことになってくるわけです。上司から見れば、上司からも手助けができますし、必要であれば多部署への支援要請もできます。組織的に業務を遂行することに行き着くのです。

第6章　業務改善の切り札「報連相」と「5S」そして「タイムマネジメント」

ビジネスには、スケジュール調整の必要性というリスクもあります。もし今日中にこの業務を終わらせられなければ、次に行う別の業務に支障をきたすことになってしまうといったスケジュール調整の懸念は常に生じています。換言すれば、こうしたことはムダをなくすことには目的適合性があるということにもなります。すなわちタイムマネジメントの本来の目的が適正な時間配分にあるのであり、ムダの排除はそのきっかけあるいは一手法にすぎないということです。

④業務の見直し

タイムマネジメントを通じた業務見直しは、記録に基づく業務分析とチームミーティングによって実施します。その際に注意しておきたいのは部分最適ではなく、全体最適を目指すことです。

どういうことなのか具体的に考えてみましょう。まず、(2)で作成した「仕事の段取表」を振り返ります。そこに記録した業務内容は、本当に必要なものでしょうか。かけた時間は適正だったでしょうか。そして、分担の仕方や人員数、適材を適所に配置できていたでしょうか。そういった業務分析を通じて見直しを行います。また、段取り表に業務の問題点欄が設けられていれば何が問題なのかもすぐにわかるはずです。そういった業務分析を行うことで、適正な時間配分設定に向けて、どこにどのような問題があるかがわかり、その解決方法が見えてきます。しかし、この時点ではまだ、部分最適にすぎません。会社全体が一つの方向性を持って見直しをする必要があります。

そこで、全体最適を目指します。そのために行うのが、例えば全社ミーティングです。ここでは、段取り表による業務改善についての相互の意見抽出を行います。どのように行うのかは、規模にもよりますが、部署ごとに抽出した課題を各部署の責任者が持ち寄り、意見交換をします。多くの意見を抽出した上で、優先順位を決めますが、もしも最終的に結論が出ない時にはトップが優先順位を決定し、解決策すなわち次の業務時間の適正配分計画の方針を策定します。こうした全体最適志向が未来志向のタイムマネジメントなのです。

⑤業務手順の再構築

　仕事の段取り表による業務の見直しとタイムマネジメントの全体最適を図ったところで、業務手順の再構築を実施します。具体的には、業務手順書を作り変えることから行います。何をどう変えるかについては、トップダウンで結論を出しているはずですが、今度はそれを全従業員に理解して把握してもらい、実行してもらわねばなりません。そのためには、特に最先端で業務を実行している従業員が、実際には手順書をどのように理解して業務を進めているのかを把握しておくことが大切です。絵に描いた餅にならないためには、作り変えた業務手順書を使いこなすことが求められます。使いこなすためには、全員に同じ方向性を持って理解してもらい、同じ目標をもって業務にあたってもらう必要があります。間違ったあるいは独りよがりの解釈で業務手順書をこなそうとしてしまう従業員がいるかもしれません。もちろん、業務手順書を上手にカスタマイズしながら業務効率を図って行くことは悪いことではありません。しかし、業務手順の再構築においては、新手順の設定プロセスを通じて問題の洗い出しと解決手段を模索し、全体最適を目指していることに鑑みれば、従業員にはまずは一定の方向に向いて動いてもらわねばなりません。そこを徹底しない限り、タイムマネジメントの目的実現が困難になってしまいかねないのです。

　また、業務手順書を通じて、情報の共有化を図り、ときには教育訓練のテキストとして周知徹底することで、従業員の力量アップにつなげていきたいところです。逆にこれを怠ると会社にとって思いがけず不利益を被るかもしれません。例えば、建設業では「安全大会」として、定期的に下請業者を含めた全従業員に対し、業務手順書のうち重要な事柄などを常に確認する必要があります。これは、事故が発生すると警察や労基署は、従業員への周知状況を確認するからです。こうしたリスク管理の面からも業務手順書の整備は欠かせません。

(4)「すき間時間」の活用。

　「すき間時間」の活用がタイムマネジメントの要諦の一つです。

　タイムマネジメントではイベントを明確にして、それを創り込んでいくのが

一つ大切です。

例えば、1週間後に重要な取引先企業を訪問する。そのためにそれまでの時間をマネジメントして、創り込んでいく。訪問準備ですね。

相手をよく考え、相手目線に沿って、提案内容を組み立て、プレゼン資料を用意する。ウェブで調べ、周りや上司に相談する。そして実際に訪問したら、その後もそのフォローのプロセスを創り込む。これがいわゆるプロジェクトマネジメント、業務の核になるプロセスの創り込みです。

> これが成果を出すためにプラス方向のプロセスマネジメントです。
> そしてもう一つ大切なのが、効率化のプロセスマネジメントです。同じ成果を上げるのに、どのくらい効率的に業務を進めるか。マイナスをいかにうまくゼロ点まで引き上げるか、労なく業務を進めるかのプロセスマネジメントです。

そのための有力な手法が、すき間時間の活用です。業務の合間には必ず「すき間時間」が発生します。その空いた「すき間時間」をどのように有効活用するか。そのためには、その「すき間時間」を活用するプランニングが大切です。その具体的な仕組みですが、「すき間時間」に実施する仕事をあらかじめメモなどで書き出しておきます。時間が空いたらそのメモを出して、選んで実行する。改めてやろうとすると必要な資料なども探す時間がかかって、結構時間がかかります。だから今日明日中くらいに片付けないといけない、あるいは1週間以内くらいでやればよいのだが今やればどこに必要な資料がありどのように取り組めば効果的などもわかっている、だから今のうちに片付けてしまう。

こんな仕組みを作り実行する。すき間時間の活用、まさにタイムマネジメントのポイントの一つです。

「鉄は熱いうちにうて」の実践でもあります。

(5) 大きな仕事と小さな仕事の配置・配分の設定が大切

業務手順の再設計に際して求められる視点は大きく二つです。一つは、業務

プロセスにおける大きな仕事と小さな仕事の配置・配分を設定し、タイムマネジメントすることです。大きな仕事とは業務の根幹となる仕事であって、売り上げ等業績のウエイトも高いものを想定してください。ここにどのくらい重点的に時間を使うかを具体的数字として掲げてください。一方の小さな仕事は、大きな仕事につながる細々としている業務で他者の助けを得ることで遂行できるものと、大きな仕事とは直接的には結びつかない雑務を含めた仕事の2パターンが想定されます。これらを分類して文書化しておきます。その際に、小さな仕事の連続が大きな仕事であることも認識して、小さい仕事を一つのカタマリとして設定します。

　もう一つの視点は、将来見通し、すなわち未来のタイムマネジメントです。とは言っても特に目新しい突飛な発想が必要なのではありません。実は、ヒントは全て日常業務に潜んでいるのです。先の仕事の段取り表を作成する段階で、これまでの業務を見直しました。ここには業務分析によって書き出した見直し項目がさまざまあるはずです。この中に、将来に向けて必要なことが記載されているはずです。さらにその上に無意識に行っていることまで注視してみてください。この無意識の領域にまで踏み込むことができれば、業務手順書としてはかなり完成度の高いところにまで及ぶはずです。

(6) 業務効率の実際
①場所の移動
　業務の効率化の切り札の一つは、仕事の「場所」の有効活用です。事務所などの業務実施の本拠地だけでなく、移動中などの空間もしっかり活用しなくてはいけません。

　すなわち、仕事の場所は会社ばかりではないということです。営業業務はもとより、その他の業務でも外出時間を無駄にしないためには、移動中でも、相応の仕事ができるようにすることが必要です。

②カバンの中身
　皆さんのカバンの中がどうなっていますか。

第6章　業務改善の切り札「報連相」と「5S」そして「タイムマネジメント」

　外出の際、会社内で使うものを最低限、カバンのなかにも入れておくと、会社の外でも仕事ができます。財布や手帳、携帯・スマホは当たり前もちろんですね。私の場合は、その他にカメラ、ウェットティッシュ、筆記道具、携帯用の傘、携帯の充電器、プラグ、ポストイット等々必要最低限のものがいつもカバンの中の定位置に常備されています。

③連続性とその仕組み

　何が大切かと言うと、空間の連続性と仕組みが大切だということです。つまり、外出も一つのプロセスとして、空間的に把握して、管理することなのです。

　例えば、私のカバンは、執務室の中で執務室の中で外に出かけるためにカバンを置いてあるというよりも、執務室においても物の保管場所になっているというイメージです。出かけるときに、そのまま持って出れば、執務室ごと出かけていることになります。言わばカバンが執務室の一部を構成しているのです。

　これは、いわば外出中及び外出先が執務室から連続的に存在し、常に仕事をおこなっている状態にあることになります。執務室という空間の連続性とも言えるでしょう。このように、外出先でスムーズに仕事ができることで、業務効率が高まります。ただし、注意しておきたいのは、外での仕事には多くの資料が必要な業務には適さない点です。何でも外でやればいいと良いということでもなく、会計業務等細かい裏付けが必要な業務等は、事務所で実行した方が良い面も多分にあります。要は仕事を切り分けることです。

(7) 社内メールによる業務の見える化

【具体的仕組み例：社内メールによる業務の見える化】
朝メール、夜メールの仕組みをうまく使います。
メールの所定様式の中に、業務概要、時間を入れ、朝メールで流します。
それを皆で共有し、それぞれが他のメンバーの状況を確認しながら、業務を進めます。
上司は仕事の仕方について、逐次アドバイスを実施します。ムダな時間と

> 思われるものを、メール様式の中に入れ、見える化します。
> 週一度のチームミーティングなどで、それぞれ自己分析の結果を発表し、ムダな業務、ムダな時間を洗い出していきます。業務体制に問題がある場合は、チームリーダーが手を打ちます。

(8) 周囲に認知してもらい、気兼ねなく退社できる退社時間申告制

「退社時間の申告制度」は、当日朝のミーティングや退社時に相互に当日の退社時刻についてチーフを中心に相互に申告をして確認する制度です。

> 【退社時間の申告制度】
> 日々の終了時刻前に個々の現状の業務遂行内容に照らし、残業の必要の有無と残業予定時間を公言することで、部門内の業務調整や、必要であれば緊急業務への担当者以外によるヘルプ対応が可能となる仕組みです。
> 運用するにあたり自身の業務に支障が出ないことを前提に、周囲の理解をもって業務の再分担や調整を行うことが必要となります。自らに課された業務への責任感が問われるとともに、コミュニケーションにより相互の業務連携をスムーズにすることにより協調性をもって運用判断をすることが求められます。
>
> **自らの意思表示により定時退社が可能となる為、時間外労働の削減に貢献できるとともに、組織内の情報連携の徹底、業務の進捗度の確認もできるようになります。**

定時退社による残業時間削減、これらは相互の理解と信頼の上に成り立つことは言うまでもありません。

(9) 日付管理による業務の効率化

書類や記録には識別管理が大切です。文書ごと記録ごとに違ったものとして

第6章　業務改善の切り札「報連相」と「5S」そして「タイムマネジメント」

管理する必要があります。どこが修正され違っているのか、いつ修正されたのかなどわかることなども大切です。修正箇所は赤字で表示なども、業務の効率的な運用として必要です。もらった方も、どこが違うかなど確実にわかることで、重要な情報の共有化も可能になります。

　また、旧版を間違って使ってはいけません。それには版管理が大切です。日付管理でそれほど煩雑でなくこの版管理できます。ご案内文書など右肩に作成日付を入れておくと、最新の日付だけしっかり管理できていることになります。間違って旧版を配付することもありません。

　筆者は中小企業診断士の「見える化研究会」を主宰していますが、一年間の講演予定表に作成日付を入れており、追加修正すると最新版の日付にします。前に出力したものは、すぐに旧版になってしまいます。このときに日付を入れてあるので、日付による版管理で間違って配付することがありません。最新版管理ができています。

　管理できていないと、とんでもない書類を配付してしまって、再配布などになりかねません。時間と資源の無駄遣いです。日付での管理ができていると、業務の無駄、資源の無駄が少なくなります。

(10)　タイムマネジメント委員会
①タイムマネジメントの推進
　タイムマネジメントは言葉では簡単ですが、現実はそう簡単にはいきません。そこで全社を挙げてのタイムマネジメント委員会の設置が必要になります。
②タイムマネジメント委員会の設置
　ここまでは、タイムマネジメントを推進し、生産性の高い職場にするために仕事の段取りから業務手引書の作成までを進めてきました。特に未来志向のタイムマネジメントを推進していくことが決め手になります。ただ、ここまでは、タイムマネジメント推進の準備段階に過ぎません。ここからが、いよいよ取り組みを実行していくことになります。まずは、そのためのプロジェクトを立ち上げプロジェクトチームを結成します。タイムマネジメント委員会です。

タイムマネジメント委員会は、各部署の代表者からなる合議体として設置し、綿密な計画をスケジュールに落とし込み推し進めていくことを目的とします。

> 【竹の節の喩え】
> 竹は強風が吹けばその風の強さに応じてしなやかに曲がって決して折れることはありません。台風が来て木は折れたとのニュースは聞きますが、竹が折れたことは聞いたことがありません。この竹の強さの秘密はその節にあります。節がそのしなやかさを支えています。

この竹の節の喩え、ものごとには節目が大切ということです。節目、節目で調整をしたり促進をしたり反省をするからその後がうまく回ります。あるいは上司がそこで再度確認することで、ことの重要さを部下が感じて本気になるということもあります。「促進」「改善」の装置を、仕組みとして組み込むことが大切です。

③チームの目的と目標の設定

このタイムマネジメント委員会の目的は、生産性向上のためにムダな時間を排除することと、業務手順の見直しであることです。その目的をチーム組織の際に掲げメンバーに浸透させた上で、長期・中期・短期の目標を設定していきます。

> 1）長期目標：経営トップの掲げる会社のあるべき姿になるための1年〜5年の期間で大きな目標を設定します。
> 2）中期目標：長期目標をより具体化し、1年〜3年程度に達成すべき中期目標を設定します。
> 3）短期目標：6か月〜1年程度で、各部署で実施する目標を掲げ、これを実現するための具体的施策を設定しスケジューリングまでに落とし込みます。

タイムマネジメント委員会においては、自らの部署において実施するタイムマネジメントの取り組み内容を共有しておきます。つまり自部署だけではなく

他の部署での取り組みも把握しておくのです。これは、全社をあげての生産性向上への取り組みを行うことから、全体最適を成し遂げるためのコツです。

④各部署での取り組み実施

各部署の代表者は、部署に戻って実際の取り組みを実施します。そのときの手法は、以下のとおりです。

> 1) 現状把握（業務に対してかかる時間を記録）。
> 2) ムダ時間の洗い出し。
> 3) 「仕事の段取表」の作成（業務に対してかかる時間の記録を一覧表にします）。
> 4) 業務手順書の作成（段取り表から詳細な業務手順書を作成します）。
> 5) 業務実施と記録（実際に業務を遂行し記録を取ります）。
> 6) 業務手順書の見直し（もっと直せるところがないか検討します）。
> 7) 再度の業務実施と記録（繰り返しやってみます）。
> 8) タイムマネジメント委員会への報告。

この後は1)あるいは3)ないし4)～7)を繰り返していくことになります。要点はおなじみのPDCAサイクルです。やはり計画と実行、チェックと修正の繰り返しで徐々に良くしていくことが無理のない対策となるでしょう。

⑤タイムマネジメント委員会での検討会

各部署で取り組みを実施したものを持ち寄り、部署ごとに報告し、お互いに改善すべきところあるいは共通して修正していくところなどを議論し、次の短期目標を設定します。このとき、自部署と他部署の比較を近視眼的にならず大所高所から見直すことです。つい自分のことしか目がいかなくなってしまいがちですが、タイムマネジメント委員会メンバーにはより広い視野を持ちながら任務に当たってもらうことになります。

また、どのくらいの期間ごとに行うかは規模にもよりますが、長過ぎず短過ぎず、初めのうちは、毎月実施し、だんだんと3ヶ月から半年くらいのスパンに伸ばしていきます。検討会があるからこそ取り組めるという面もある反面、

検討会が多すぎるとマンネリ化したり、じっくりと取り組めなくなったりします。したがって各部署の取り組みに対する進捗状況によってうまくコントロールしてください。

⑥各部署へのフィードバック

　他の部署での取り組み状況を検討会から持ち帰り、部員にフィードバックします。そうすることで、自部署の取り組みの見直しに役立てていきます。特にその際、どのようなことを実施したらどの程度の成果があげられたのか、そして、どのような基準でその成果を評価しているのかを検討すると良いでしょう。実はこの具体的な評価方法や基準設定が曖昧になりがちです。担当者によって甘辛評価が異なってしまうことがありますので、それを少しでも修正することは、全体最適に繋がっていきます。

　最終的には、中期目標に到達するまでこれを繰り返し行っていくことになります。

⑦目標達成後のあり方

　目標を達成するだけでも相当なことですので、そのことは大いに喜びたいところです。しかし、それだけではなく、次にこれを持続することも考えなければなりません。会社は生き物だとも言われますし、組織のメンバーも入れ替わります。業務に対する思いの大きさや重さも違ってきます。良い状態を維持できるか、あるいは、さらに発展させることができるかについては、後の世代へどのように引き継いでいくかによります。

　やはり、口伝えではなく、業務手順書とその作成過程をしっかりと記録しておくことかと思われます。そして、業務手順書もどんなに完璧な物を作っても、時代の流れとともに修正が必要となる日が必ずきます。常に試行錯誤の連続です。この繰り返しの必要性をしっかりと認識させて次の世代に残すことです。そう考えるとタイムマネジメント委員会は、その役割を終えた後は、業務改善委員会として部署を超えた検討の場としての機能を果たすべく維持継続していくことが、必要になってきます。

(11) 時間に追われてはいけない

「木を切ることに忙しく、斧を磨くことを忘れていないか？」タイムマネジメントの要諦の一つです。時間に追われてはいけません。時間は使いこなさないといけません。

切れない斧で木を切っても効率的には樹は切れません。ドンドン樹を切るためには、途中で斧を磨く、斧を研ぐことが必要です。仕事の仕方を振り返る、生き方を見つめ直すなど、少し立ち止まって自分を見ることが必要です。

心理学でいうメタ認知です。そのためには心の余裕が大切です。時間をうまく使いこなすために、ちょっと立ち止まって自分を振り返ってみて下さい。

(12) 残業時間が増えると生産性が低下する理由

「生産性が低下する」というのは、業務効率が落ちるということです。私たちが残業をするときのことを考えると、「しょうがないから残って仕事をしよう」と仕方なく残業することが多いと思います。これって、前向きな仕事の仕方でなく、結構後ろ向きです。だから、仕事もはかどらないことも多く生産性は低くなります。

しかし、仕事の後にデートする約束をして、定時で帰りたいと考えると、俄然やる気も出て、てきぱき仕事が進みます。業務効率が良いし、仕事に取り組む姿勢にも真剣さが出て、質の高い、良い成果物などもできます。

大脳生理学者で著名な茂木健一郎さんが、「タイムプレッシャー法」という仕事の仕方をお話されていました。「何時何分までに」、「これこれの仕事を」「終わらせる」…。そうすることを繰り繰り返し訓練すれば、その積み重ねで仕事の仕方もドンドンも良いものになり、結果として業務効率が飛躍的に上がります。

> **結局、のんべんだらり仕事をすることになると「生産性は低下」します。**

残業しないで早く仕事を終え、プライベートの生活を楽しむこと、これが「ワーク・ライフバランス」です。

第7章

IT機器を活かすことが業務効率化に大きく影響する

1. 業務アプリ、ソフトを導入する

　働きかた改革には、業務改善が欠かせません。そのための最優先項目として、業務アプリをうまく使いこなすことが必要です。

　業務アプリには様々なものがありますが、御社の状況に合わせたものをうまく活用すると、かなりの効果が出ます。

　例えば、目覚まし時計。設定した時間にすっきり起きることができず、布団の中でウトウトしているのであれば、その時間が無駄なわけです。その無駄を解決すべく、最近では、起きたい時間に対して覚醒しやすい時間に起こしてくれるアプリもあったりします。このように、あると無駄がなくなる（若しくは減らせる）のが業務アプリです。

　最近は、様々なことができるアプリが増えています。例えば、業務運営、特にマーケティングなどでは、データ分析が必要ですが、そのための分析アプリなどは目覚ましい進歩を遂げています。マーケティングでエリアごとの売上や傾向を分析する際、データを入力した後の集計分析をアプリが行ってくれます。

> 図をクリックするだけで、そのエリアの集計が完了します。
> 集計したい項目も選ぶだけです。

　データ入力は実際に行わないといけないにしても（場合によってはここも自動化されるかも?!）、集計の手間は省けます。しかもその場でその瞬間に集計できるので、会議中リアルタイムで集計を提示することができます。「そのエリアはわかったけど、こういうエリアの組み合わせはどうなの？」という質問が出たとき、「年齢分布で見るとどうなの？」と聞かれたとき、「次回までに分析しておきます」ではなく、その場でカチッカチッとクリックするだけで、必要な集計や統計が提示できます。会議での決断も、先送りにすることがなくなります。

　最近のアプリは使い方が複雑でわからないよ…という方もまずは挑戦！トラ

ブルにぶつかった時は、インターネットで検索です。

> Yahoo! や Google といった検索サイト検索ワードに短めの単語を入力して検索をかけるのがポイントです。

　文章だと、同じ事象でも表現にばらつきがあり、回答のサイトが見つかりにくくなります。例えば、画面に表示される文字を大きくしたい時。検索の窓に「文字　表示　大きく」と入力するといいでしょう（スペースは「＆」を意味します）。パソコンについての疑問点は、インターネット検索の方がサポートセンターに連絡をとるよりも早く解決することもあります。たくさんのアドバイスや方法がとても丁寧に公開されていて、自分のペースで解決を図ることもできます。

　もちろん、アプリやシステムを買うことだけがすべてではありません。自社用に作るという選択肢もあります。オーダーメイドは費用がかかりそう？確かに無料は難しいですが、開発費用をパッケージで提供している会社もあります。こちらですと、数回の打合せを含め数十万円ほどでできます。クラウド上で使いたいデータベースの作成を支援してくれるアプリも販売されています。一度購入すれば、後は自社に必要なデータベースを作成でき、とても便利です。

2. チャットアプリについて

　たくさんあるアプリですが、最近大きく進歩しているのが「連絡方法」「情報の共有」のためのアプリです。パソコンで作業することがない会社でも、会社と社員、社員同士など連絡をとることは必ずあります。そこに「チャット」というアプリが活用できます。対個人ではなく、複数人数間、つまりグループや組織内で連絡を取り合うときに適しています。

　チャットアプリは、パソコンだけでなくスマートフォンでも同じアプリを使うことができます。会社に出勤しない社員ともスマートフォンのチャットアプリで連絡を取ることができます。もちろんクラウドを利用しているチャットア

プリでしたら、自分のパソコンでなくても、インターネットができる環境であればどのパソコンからもチャットの内容を確認することができます。誰かがチャットに書き込みをすると、他のメンバーにお知らせのメールが通知されますので、書き込みの見落しを防ぐことができます。

　チャットアプリの最大の魅力は、情報共有です。会話だけでなく、ファイルの共有もできます。ファイルをみんなに送る際、メールの添付ファイルで送る場合、その人数分だけ複数ファイルのコピーができてしまいます。それは決してセキュリティが高いとは言えません。また、送る人が抜けていたり、違う人に送ってしまったりすることもあります。チャットアプリで公開すれば、そのグループに所属している人が必要な時に必要なファイルを通信履歴から探すことができます。

> **メールに添付してのファイル送信と対比して特に便利と感じるのは、写真の送付です。チャットアプリをスマートフォンで使用している場合、スマートフォンで撮った写真をそのまますぐに送ることができます。文字を打たなくても現状を伝えることができ、とても効率的です。**

　救急医療の現場でも、医師や看護師がリアルタイムに写真を通して情報を共有するために使われています。もちろんリアルタイムである必要のない現場でも、例えば、会議で使ったホワイトボードを写真に撮って全員に配布することも簡単にでき、議事録の作成が不要になります。

　最近のビジネス用チャットアプリは、管理機能やセキュリティが強化されていて、グループを作る権限やウイルスチェックも行われています。また、やり取りの記録をエクスポートできる機能がついているアプリもありますので、内部監査するときにも記録が確認でき困りません。

【チャットアプリのメリット】
・複数の人に同時に連絡ができ、文字による会話もできる。
・送信先の都合を考えずに、連絡を伝えることができる。

第7章　IT機器を活かすことが業務効率化に大きく影響する

・連絡したい相手を選定することができる。
・写真やデータも送ることができる。
・会話の記録が残る。（内部監査などの資料として使用することができる）
・身近なIT機器で使用できる。（スマートフォンやタブレット、PC、ガラケーの携帯電話など）

【ビジネス用に発売されている主なチャットアプリ】

【Chat Work】
ビジネス用のチャットとしては、「元祖」かもしれません。1対1であれば無料で始められます。

【LINE WORK】
日本国内でいちばん普及しているチャットアプリのビジネス版です。ビジネス用のアカウントで個人のLINEアカウントとトークができます。

ちょっとCoffee Break！
『情報検索について』

　パソコン、スマートフォン、タブレット（以下パソコン等）を使っていると、いつの間にか設定が変更され、使い勝手が悪くなることがありませんか。
　これは、パソコン等のシステム自動最適化機能に原因があることは少なくありません。
　教えてもらえれば直すのは簡単です。でも四六時中隣で教えてくれる人がいるわけではありませんね。そんなときこそ、インターネットで検索を

してみてください。Googleやyahoo等で、今起きている現象をそのまま入力して検索するのです。

すると、同じような現象に悩まされた方がいることがわかり、その解決策も掲載されています。悩んだ時間がなんだったのかと思うくらい単純なことだったりします。

ぜひお試しを。

3. Web会議について

Web会議も目が離せません。一昔前はテレビ会議を行うには機械整備の導入が大変でしたが（まさにテレビを使用していましたから！）、今はインターネットを通して、パソコンで会議ができる時代です。今どきのパソコンにはカメラは標準のアクセサリであることがほとんどで、初期投資はほとんどなく始められます。ソフトも、前述のチャットアプリの延長で、新たにシステムを導入しなくてもできる場合があります。無料で使用できるシステムも複数あるので、会社のインターネット環境などに合わせて選ぶ必要があります。ただし、アプリによっては、会議に参加できる人数制限がありますので、気を付けてください。

Web会議は、実際に赴くことなく会議を行うことができるので、移動に費やしていた時間をほかの仕事に使うことができます。会議室の準備や片付けも不要となりますので、作業自体も減りますね。

【Web会議のメリット】
・通常のパソコンで、インターネットを行う延長でWeb会議ができる。
・テレビ会議のような初期投資が不要。

第 7 章　IT 機器を活かすことが業務効率化に大きく影響する

【Web 会議のアプリ】

・Skype

テレビ電話会議の元祖です。スマートフォンでも使用できます。Microsoft が開発しているので、Office などとの連携ができます。

このような作業環境についての相談先は、御社に入っているシステム会社やサプライ供給会社でも請け負っていますので、ぜひ一度確認してみてください。

4. タブレットの活用

　タブレットの魅力はその手軽さ。手軽なのに機能はパソコンに匹敵します。Wifi ルータ内蔵のものが多く、どこからでもインターネット接続が可能です。また、タブレットにはカタログを保存することができますので、商品の説明に重いカタログを運ぶ必要はなくなります。

　タブレットでもパソコン用のアプリで作業することができます。つまりインターネットと組み合わせると、会社にいなくても会社の作業が会社外でできるわけです（タブレットの操作には限界がありますが）。これは、テレワークの一種になります。普段の作業は社外が多いのに、報告書作成や経費精算のためだけに会社に出勤しなければならないという場合でも、実は会社に行かなくてもタブレットを使用することで報告書作成が可能です。報告書の作成においては、あらかじめ入力事項が決まっているのであれば、入力フォームを自社用に作ることで、さらに入力の負担が減ります（業務アプリで紹介した自社用のアプリやシステムを作るアプリも販売されています）。

【タブレットの選ぶときのポイント】

・OS　→　Android、iOS、Windows

使用している PC またはスマートフォンに合わせるのが良い方法です。

> ・大きさ
> 7～8インチだと小型、10インチくらいがスタンダード、12インチだと持ち運びやすさが少し低下します。

　ここで一つ大切なことがあります。

> 社員にタブレットを配布するときは、できる限り全員に。
> 全員とは正社員以外の社員も含めることです。

　希望者のみ…なんてことはもってのほか。全員分購入、そしてみんなで一丸となって使い方を覚えていきましょう。みんなが足並みそろって覚えていかなくては、情報は共有されません。

　実施体制が一本化されていないと、内容のズレだけでなく、タイムロスも発生します。設備投資の費用も人件費も無駄です。タブレットはメモ帳の代わりにもなりますので、メモ帳を配布する感覚で行いましょう。会社で配られたタブレットは仕事以外には使わないようにというのではなく、私用にも思う存分使ってもらうのはいかがでしょうか。各人が自在に使いこなし、メリットを思う存分享受すると、使用頻度が上がり、会社的にも活用の幅が広がり機能の充実が図れます。

　今日、本当にたくさんのアプリや機能が次々登場していますが、既存のアプリや機能を使っている限りは、さらなる発見が見つけられません。各自存分に使いこなしてもらい、新しい使い方を社員みんなで話し合っていくことで、業務効率の改善にもつながっていきます。

　タブレットはちょっとコストがかかる、という会社もあるでしょう。IT機器への投資はできる限り渋るべきではありません。

> この時代、IT機器無しでは成り立ちません。渋ることなく、そしてできる限り最新のものを購入しましょう。

　もちろん、スマートフォンという選択肢もあります。スマートフォンでも十

分活用できます。なんと言っても通信機器といえば、まず電話機です。スマートフォンとタブレットは同じOSで動いていますので、基本的にタブレットでできることはスマートフォンでもできます。でもなぜタブレットなのか。それはスマートフォンでは小さくて作業効率が悪いからです。出退勤の記録くらいであればスマートフォンでも十分対応はできますが…。

　タブレット導入について、気を付けていただきたいことが一つ。いつでもどこでも仕事ができるようになると、自宅に仕事を持ち帰る社員が出てきます。これでは業務改善になりません。いくら仕事が好きでも、仕事から離れて仕事以外の刺激を受けることも大切です。

> **クラウドや社内サーバーに○時〜○時は接続できないなど、強制的に仕事をさせない工夫も必要かもしれません。**
> **そして、IT機器にたよりすぎないことも大切です。**

　コミュニケーションについて、IT機器はあくまで補助機能です。本当のコミュニケーションは人と人が行うものです。隣の席の人なのに、声を聞いたことがなく、いつもチャットで連絡が来るというのでは、「私と話したくないのか」とギスギスした関係につながりかねません。褒めるときもチャットの方がみんなに一斉に伝わるかもしれませんが、やはり実際にみんなの前で褒めて欲しい。それが人の心です。朝礼で褒めるようなアナログな従来の対応も行って欲しいものです。

> 【タブレットのメリット】
> 1) 持ち運びしやすい。
> 2) 多くの情報を入れることができる。（荷物を減らすことができる）
> 3) クラウドやサーバーにアクセスするツールになる。
> 4) 作業できるエリアが拡大する。

ちょっと Coffee Break！
『タブレット PC を全社員に支給すると？』

　業務の効率化を図るための有効な施策として、タブレット PC を全社員に支給する方法が挙げられます。

　これにより期待される効果についてですが、例えば、営業職であれば外回りの後にタブレット PC を用いて出先で日報を作成し、そのまま直帰することもできるようになりますので、会社に戻る時間はそのまま削減できます。

　具体的に試算してみると、仮に月の残業時間を 15 時間削減できた場合、時給 2,000 円の社員とすると、残業単価は 2,500 円（25％割増）、月 15 時間で 37,500 円もの人件費削減につながります。

　一方、導入コストを考えた場合、タブレット PC を 1 台 80,000 円で購入したとしても、上記のケースではおよそ 2 ヶ月余りで元がとれる計算になります。

　また、これに加えて水道光熱費の削減にもつながりますので、導入費用を実質 2 ヶ月で償却できるとすると、1 年間でトータル 10 ヶ月分もの純利益が出る計算になります。

　さらに、この 10 ヶ月分（375,000 円／1 人）の純利益を原資として、「給与のベースアップ」や「賞与の支給」等を行ない社員に還元することにより、ますます社員のモチベーションも上がって労働時間削減を図ることも可能です。

5. GPSも活用

　GPSも業務改善に一役買っていることを忘れてはいけません。現場で仕事をする人は、なかなか管理者に出退勤の状況を証明することができません。朝、わざわざ一度会社に出勤し、その後現場に行くということも以前はよくありました。直接現場に行ければ、朝の貴重な時間に余裕を持つことができます。会社に出勤の連絡をするときは、GPSの活用です。GPS機能付きの時間管理アプリが出ており、どこでいつから仕事を始めたのか、スマートフォン又はタブレットで伝えることができます。もちろん電話をする必要もありません。アプリのボタンを押すだけですから。社員が各自現場で作業をする、という建設業などで導入されています。

　他にも社員がどこにいるかもすぐわかります。行動範囲も一目瞭然です。トラブルがあれば、すぐその場所に他の社員が駆け付けることができます。なかなか新人に一人作業をさせるのは難しいものです。かといってずっと先輩社員をつけていられるほど余裕のない会社がほとんどです。そんな時にもGPSは効果的です。

IT機器で効率化を図った体験事例

(1) メーリングリスト

> 我々フェニックスメンバーは、定期的に開催している勉強会の案内やメンバーへ周知したい情報などを伝える際、メーリングリストを活用してメール配信しています。
>
> メーリングリストとは、複数の人へ同時に電子メールを送る仕組みの事で、決まった複数人の方へメールを送る際にはとても便利なツールです。具体的には、GMOが運営している「freeml」という無料で利用出来るメーリングリストを用いて、予めメンバー全員のメールアドレスをメーリングリストに登録し、ひとつの共通したメールアドレスにメール送信をします。例えば、勉強会の日時や内容、講師担当者などの開催情報を案内する際は、決まったひとつのアドレス宛にメール送信するだけで複数人のメンバー全員にメールが届きますので、とても簡単に送信作業が完了します。
>
> 主なメリットは「メール送信が簡単」「個人メールアドレスを表示せずに送ることが出来る（メーリングリストのアドレスのみが表示されます）」「宛先に複数のメールアドレスを入力する必要がない為、送り先を間違える事がない」などが挙げられます。
>
> 皆様も、決まった複数名のメンバー間でメールのやりとりを頻繁にする事があれば、ぜひメーリングリストを活用して時短・効率化につなげてみてはいかがでしょうか。

(2) テレビ会議

本書を書き上げるまでには企画段階から原稿完成までの間、著者メンバー同士で何度も打ち合わせを行いました。そうした中でもっとも苦労したのは、メンバーそれぞれが多忙を極める日々の中での日程調整であり、全員が定期的に同じ日時・場所で顔を合わせることはほぼ不可能に近い状況でした。

本書は共著であり、それぞれの分野に強みを持つ専門家がさまざまな立場や経験から意見を出し合う打ち合わせの機会はとても重要でしたが、当初は日程調整が難航し上手くいかない事も多くありました。

そうした中で出てきた意見のひとつが、「社内からテレビ会議での参加なら調整がつくんだけどね…」といったものでした。そこで、メンバー全員が「Skype」に無料登録し、それ以降の打ち合わせがどうしても都合がつかないメンバーは、それぞれのパソコンやスマートフォンを用いてSkype上で打ち合わせに参加して行きました。

使い始めの頃はSkype上の声がよく聞き取れなかったり、ハウリングを起こしたりして、テレビ会議はなかなか難しく、今でもてこずっているメンバーもいます。特に高齢のメンバーは、取り組むのに苦労しています。しかしよく理解している若手のメンバーが、うまく指導して相応に使いこなしている状況です。結果としてはとても役に立っている。これこそ、「働き方改革」です。

たとえ離れた場所にいてもパソコンやスマートフォンさえあれば、まるで同じ場所で複数人のメンバーが打ち合わせを行うといったことができます。時間を有効に活用して業務効率化を図る為にもテレビ会議を利用してみてはいかがでしょうか。

(3) チャット

> 皆様はビジネス上でのやりとりを行う際、メールや電話、FAX などを使う事が多いでしょうか。また、今では LINE などのツールを使って、グループ間で連絡をとる方もいらっしゃると思います。
>
> 我々フェニックスメンバーは、それぞれが担当の原稿を書き上げてデータを共有する場合や、原稿作成の内容に関して共有を行なう際など、当初は全てメールでやりとりをしていました。
>
> ところが、原稿作成が進むほど修正して送信するデータも増えていきますので、最新データがいつ送信されたメールなのかが分からなくなる事も多く、また探す際にも手間が非常にかかっていました。
>
> こうした状況の中で、あるメンバーが「チャットワーク（chatwork）でやりとりしたらどうでしょうか、無料で登録して利用できますよ。」と提案しすぐにメンバー全員が登録して以降はチャットワークでやりとりするようになりました。
>
> チャットワークはビジネスに特化したクラウド上でのチャットツールで、パソコンやスマートフォンなどがあれば、いつでもどこでも手軽にタイムリーなコミュニケーションをとることができ、原稿データも簡単にアップすることができます。
>
> また、チャットツールなので過去の履歴もそのまま残っており、これまでの原稿作成を進めてきた過程や、修正前の原稿データなどもすぐに確認することができます。これによりメールでやりとりをしていた頃に比べて、圧倒的に効率的で楽になったといえます。
>
> ビジネス上で資料や書類などのデータを決まったメンバー間でやりとりする際など、ぜひこのツールを使って効率化を図ってみてはいかがでしょうか。

第8章

テレワークで成果をあげる

1．新しい働き方

(1) どこでもオフィスになる

　前章までは、従来の働き方を業務改善や業務効率といった観点から見直すことで働き方改革を目指してきました。この議論を踏まえてこの章では、新しい働き方について紹介します。まずは、「どこでもオフィスになる」ということを考えてみます。

　従来、仕事はオフィスを拠点として、事務担当や開発担当は社内で、営業担当は顧客を回り帰社して報告することが当たり前でした。この当たり前の発想は、もう当たり前ではなくなってきています。それは、インターネットと前章で紹介したICT機器の発達と普及がもたらした新しい働き方「どこでもオフィスになる」です。

　ところで、電車に乗ったときに周りの乗客を観察したことはありますか。無い方は試しに眺めてみてください。皆一様にスマートフォンに向き合っています。何を見ているかは定かではありませんが、一心不乱に見入っています。このことを評価するつもりはありませんが、この状態は皆がインターネットに接続されているということも表しています。となれば、ICT機器やPCなどを利用すれば、報告書の作成、表や資料の作成、計算、その他あらゆることが電車の中でできてしまい、会社に行かなくても、作成したファイルをメールで送信あるいはクラウドにアップロードすれば済んでしまうということになります。これは、町の中のレストランでも、カフェでも、待合室でも、図書館でもどこでも同じです。すなわち「どこでもオフィス」になっているのです。ということは、決められたオフィスには必要最小限で出向けばよいことになりますので、通勤や営業先からの帰社が必須ではなくなるのです。無駄の削減、効率化のにおいがしてきませんか。

第8章　テレワークで成果をあげる

(2) テレワークを利用して「どこでもオフィスになる」を実行

　テレワークという言葉は、どこかで耳にされたことはあると思います。皆さんの中には、「ああ在宅勤務のことね」とか、「うちは金ないから新しくシステムを入れてもメンテナンス料金など払えないよ」、あるいは「現場仕事が多いからテレワークなんて関係ないな」といった印象をお持ちの方もいらっしゃることでしょう。しかし、(1)のとおり、スマートフォンはビジネスにおいて必需品になっています。例えば、営業担当が外回りから帰社せずに、スマートフォンやタブレットを使って外出先で報告書を作成することは、もはや当然のこととなっていると言っても過言ではないでしょう。実は、こうしたこともテレワークの一つです。分類すれば、モバイルワークといいます。これは、テレワークは何も大企業だけに限ったものではなく、中小規模の事業においても導入可能だということを表しています。在宅勤務やサテライトオフィス（オフィスから離れたところで執務を行うために置いた拠点）を展開できない中小規模の事業においても、モバイルワークでしたら導入が可能です。むしろ、効率化を図り生産性を上げたい中小企業こそが、導入を検討すべきとも言えそうです。
　このように、テレワークは身近に存在していて既に使っています。それでも、テレワークという言葉に対しては冒頭の例の様に抵抗感があるかもしれません。本書でもテレワークという言葉をあちこちで使います。それでも、無理にテレワークという言葉を意識せずに、新しい働き方として「どこでもオフィスになる」ということだけイメージしておいてください。
　ところで、テレワークの導入費用面について、ハードルが低くなっていることにお気づきでしょうか。導入の初期費用も以前から比べれば驚くほど安価になっています。例えば、マイクロソフト社のOffice365ならばSkypeを使ったテレビ会議も月々540円から利用できます。それどころか、サイボウズやグーグル、ドロップボックスなど無料から導入できるクラウドストレージサービス（クラウド上にデータなどを保存するサービス）まであります。まさにテレワークは手軽に行える時代に来ているのです。そして、上手に導入した会社は、従業員のワーク・ライフバランスの実現に成功しています。テレワークはそれほ

ど大それた制度ではなく、かつ導入することのメリットはありそうだと捉えておいてください。

(3) 通勤が満員電車ではなくなる？

　政府は、2016年9月から始まった働き方改革実現会議において、テレワークがテーマの一つに設定されるなど、テレワークの導入に積極的です。2020年には、テレワーク導入企業を2012年の11.5％から34.5％に、テレワーク制度に基づく雇用型テレワーカー（週に8時間以上本拠地のオフィスを離れて仕事をする人のこと）の割合を2016年度の7.7％から15.4％にすることを政府は目標に掲げています。まさに国を挙げてテレワークを推進していこうという方針です。

　また、「テレワークの日」が2020年東京オリンピック開会の日に合わせて7月24日と設定されました。オリンピックの時には、相当多くの外国人が訪れることが考えられます。すると、ただでさえ混雑する通勤ラッシュ時にさらに多くの人が流れ込んでくるわけですから、交通機関等移動手段は大変な状況になることが予想されます。そこで、その期間にはオフィスへの出社が無くても業務を遂行できる環境を、今のうちから整えておくことも必要なこととされたわけです。

(4) 危機管理はICT機器で

　会社の危機管理としてBCP（事業継続計画）が必要とされていることはご存知と思います。BCPは、企業が自然災害や火災、テロなどの緊急事態に遭遇したとき、その被害が事業資産に及ぼす影響を最小限に抑えることで、早期復旧を可能にする手段や方法を平常時から対策として計画しておくことを指します。本社一括で業務を行っている場合で何ら対策をとらないでいれば、災害等により全ての機能が停止され、果ては企業の存続そのものが危ぶまれます。あるいは、インフルエンザでオフィスの半数が欠勤した場合や、感染症の大流行（パンデミック＝感染症が世界的規模で流行すること）が発生した場合でも、

従業員が出社せずに遠隔地（自宅）で業務を行うことができれば、その影響を軽減させることができます。そこで、BCP対策の一つとして、事業の一部をテレワークによって行うことで、リスクを分散しておき早期復旧につなげていこうという発想です。

(5) 実践！テレワークで「どこでもオフィスになる」
①テレワークとは
　テレワークは「ICT（情報通信技術）を活用した、場所や時間にとらわれない柔軟な働き方のこと」を指します。その語源は、「離れたところで」を意味するteleに、働くworkをつけた造語です。すなわちテレワークがオフィスワークを会社から離すことを可能にするのです。
　テレワークの具体的な形態としては、次に示すように雇用型と自営型に分類することができます。
②従業員の働く場所を柔軟に（雇用型テレワーク）
・自宅がオフィスになる
　オフィスには出勤せずに、1日の業務の就業場所を自宅にします。会社での会議などにはweb会議システムで参加します。これにより通勤による身体への負担や家庭生活に必要な時間も確保できるなど、時間を有効活用できるため、ワーク・ライフバランス実現に直結します。
　ただここで、皆さんの中に誤解があれば解いておきたいことがあります。

> **それは、在宅勤務は決して「赤ん坊を抱っこしながら仕事をするわけではない」ということです。**

　ときどき、雑誌や新聞に外国人のモデルさんが子ども抱えてPCに向かっている写真などが掲載されていることがあります。そのため、「在宅勤務＝赤ん坊と一緒に仕事」のようなイメージがついてしまいます。でもそのイメージに惑わされないでください。在宅勤務は片手間で仕事をするのではありません。仕事は仕事、育児は育児です。その線引きができる場合にだけ、在宅勤務を認

めることにすべきです。子どもは保育所などに預けるといった、メリハリをきちっとつけられる状況が整っている方に導入を検討していきましょう。

・モバイルワーク

　会社でもなく自宅でもなく、言わば場所や施設にこだわらず、移動中やカフェなどを就業場所として設定する働き方です。まさに「どこでもオフィスになる」の真骨頂です。いつでもどこでもインターネット環境を使って仕事が可能です。特に顧客訪問が多い業務の場合には、自社に戻ることなく業務を進めることができるため、効率的な時間活用につながります。

・施設利用型勤務

　サテライトオフィス、テレワークセンター、スポットオフィスと言われる遠隔勤務用の作業スペースにて業務を行います。従業員の自宅から近いところに設置し、通勤時間を減らし職住近接環境を整備することができます。

　専用型（自社・自社グループ専用として利用され、出張や営業での移動途中などに立ち寄ることで、その場で就業できるオフィス）と共用型（複数の企業がシェアして利用するオフィス）があります。

　厚労省は神奈川県内と埼玉県内に無料で使用できるサテライトオフィスを設置するなど利用促進策がとられています。

③テレワークで自営業（自営型テレワーク）

　個人事業者・小規模事業者等が行うテレワークで、SOHOあるいは内職副業型勤務（主に他のものが代わって行うことが容易な仕事）を行い、独立自営の度合いが薄いものが挙げられます。

　なお、後述するクラウドソーシングは、この自営型テレワークの一種と言えるもので、インターネットを介して業務委託を行う制度です。

④テレワークを導入する意義・効果

　従来、育児・介護、病気や障害を抱えているなど、働く時間や場所に制限を強いられてきた人たちがいます。出退勤時刻・就業場所など職場の勤務条件に少し合致しないだけでも、継続勤務を諦めざるを得ないという状況です。その中には、業務遂行能力があり会社への貢献度が高かったにもかかわらず、退職

を余儀なくされた社員もいることでしょう。また中核人材である管理職が介護離職をすれば、特に中小企業においては相当大きなダメージを受けることになります。

このような状況下、テレワークによる勤務はますます注目されています。ちょっとした工夫で在宅勤務を実現することで組織・企業の大事な従業員が辞めずにすむのであれば、やらない手はありません。リーダー格の人材を失った後、その代わりを探すことは、この人手不足の時代にあっては容易なことではありません。

また、テレワークの導入がきっかけでワーク・ライフバランスを整えたことにより「従業員を大切にする会社」という企業のイメージアップを成功させ、入社希望者が急増したという例もあります。

・企業にとってのメリット

厚生労働省「平成26年度テレワークモデル実証事業」で行った企業へのアンケートから、企業にとってのメリットが見えてきます。

1) 優秀な人材の確保・雇用維持。
2) 資料の電子化や業務改善の機会となる。
3) 通勤費やオフィス維持費などが削減できる。
4) 非常時でも事業を継続でき早期復旧もしやすい。
5) 顧客との連携強化、従業員の連携強化になる。
6) 離職率が改善し従業員の定着率向上が図れる。
7) 企業のブランドやイメージを向上させることができる。

例えば1)、6)に関して言えば、平成28年度総務省「テレワーク先駆者百選取り組み事例」によれば、地方に住む人材を確保できるようになっていることや、柔軟な働き方を選択できることが強みになって、新規希望者から問い合わせが来ているとの導入効果が挙げられています

⑤従業員にとってのメリット

同じく厚生労働省「平成26年度テレワークモデル実証事業」では従業員ア

ンケート調査も行っています。その結果、以下のような効果が挙げられています。

> 1) 家族と過ごす時間や趣味の時間が増える
> 2) 集中力が増して、仕事の効率が良くなる
> 3) 自律的に仕事を進めることができる能力が強化される
> 4) 職場と密に連携を図るようになり、これまで以上に信頼感が強くなる
> 5) 仕事の満足度が上がり、仕事に対する意欲が増す

これらはまさにワーク・ライフバランスの実現につながります。

⑥地方への拠点移転と地域活性化

　森本登志男著『あなたのいるところが仕事場になる「経営」「ワークスタイル」「地域社会」が一変するテレワーク社会の到来』（大和書房、2017年）に紹介されている、セールスフォース・ドットコムは「地元の人たちと、地域社会の未来をつくる」ことに価値を見出し、東京での仕事を和歌山県の白浜に開設したサテライトオフィスで行っています。一般的なテレワークのイメージから更に発展させて、新しい働き方を提示してくれています。

　一方、地方自治体によっては、Uターン、Jターン、Iターンなど、地域での就業を推進するためにICT技術を使ったテレワーク導入への取り組みが進められています。都会に人口が流出して過疎化が進んでしまうという難問へ、テレワークによる企業や就業者を誘致することで対応しようという試みです。企業としても、割安の不動産賃貸料による負担軽減、実家に帰る事情や自然が多いところでの勤務・子育てに対する従業員の要望、通勤における負担軽減など、地方にサテライトオフィスを置くことで生まれるメリットも十分に検討に値するでしょう。

・どういう企業が導入するべきか

　対象となる企業は「全て」です。このように述べますと無責任な言い方だと思われるかもしれません。ただ、ここで言わんとしているのは、業務効率を図り生産性を向上させ残業時間を削減し従業員のワーク・ライフバランスを向上

させることに少しでも関心があれば、どの企業でもテレワークを導入して「どこでもオフィスになる」を実践していけるという意味です。企業規模には関係ありません。むしろ小規模事業者こそ、オフィスを必要とせずに日常業務が行われている実態に即して導入すべきかもしれません。

もちろん事業の種類や業務内容においては当然現場に赴くことが必要な職種があります。飲食店や対面サービス業務等では難しいかもしれません。それでも、例えば週に1〜2回は店舗外でデータ集計を行うなど、それまで閉店後に行っていた業務を勤務時間内に在宅で行うことなど、工夫次第で可能なこともあるはずです。初めから諦めてしまうことなく、自社の業務のうちテレワークでできるものはないか、無理して出社するのを減らせるよう「どこでもオフィスにできる」を実践できないか、検討してみることから始めてみてください。

⑦「どこでもオフィスになる」働き方でも法令順守の労務管理

・社内ルールを明確にするための就業規則の整備

在宅勤務などのテレワークであっても、労働基準法など労働関係法令を順守しなければなりません。またテレワーク導入時も導入後も法令に準拠したルール設定とそのチェックを常に欠かさず行うことが必要です。そこで就業規則を整備して、テレワークに関する社内ルールを明確に設定しておく必要があります。

例えば、定めるべき項目には、

1) テレワーク勤務の定義付け（在宅勤務・モバイルワーク・サテライトオフィス勤務ごとに設定）
2) それぞれの対象となる従業員の範囲
3) サテライトオフィス利用のルール
4) 服務規律
5) 労働時間の管理に関する事項（フレックスタイム制・事業場外みなし労働時間制・裁量労働時間制を導入するときの規定）
6) 休憩

> 7）所定休日
> 8）時間外労働等
> 9）出退勤管理
> 10）賃金（通勤手当を支給するか否か）
> 11）通信端末の貸与・通信費・備品費等の自己負担に関すること

などが挙げられます。これらを詳細に定めていくと、テレワーク導入のために従業員との間で決めておくべきことが見えてきます。

なお、従業員が10人未満であれば労働基準法上は就業規則を定める義務はありません。しかし、就業規則がなくても、労使協定の締結あるいは雇入通知書などで労働条件を明示しておくことが求められます。テレワーク導入の機会に就業規則そのものを整備しておくのも一考です。

・労働関係法令に即した労務管理

テレワーク実施に際しても労働基準法が適用されます。特に、自宅でのテレワークについては、労働者の勤務管理をどのようにしたらよいかわからないことから、導入に踏み切れないということもあると思われます。そこで、テレワーク導入に際しての労務管理の手順を確認します。

> 【テレワーク導入に際しての労務管理の手順】
> 1）**労働条件の変更・合意と明示**
> 　事業主は、労働契約を締結するに際し、就業の場所を明示しなければなりません。したがって、在宅勤務の場合には、就業の場所を従業員の自宅として明示することが必要です。
> 2）**労働時間・休日・休暇管理と服務規程等**
> 　使用者には、従業員の労働日ごとの始業・終時刻を確認して記録し適正に労働時間を管理することが求められています。
> 　テレワークの場合も同様です。その手法としては、朝夕のメールを使ったり、あるいはスマホで始業終業あるいは休暇の管理ができるシステムを

導入することでも可能でしょう。いろいろ検討してみて自社にあった方法を見つけ出すのが良いと思われます。

また、仕事をしているかどうかを監視していないと怠ける人がいるのではないかという不安はどうしてもついて回ります。そのため、服務規程には職務専念義務を定め、テレワーカーにもしっかり理解してもらうことが必要になります。同時に、ある程度の管理も必要になってくるでしょう。

3）業務状況の把握

勤務地がオフィスではないことから、業務の状況が見えづらくなることも考えられます。そこで、目標管理制度などを利用して業務の進行具合を定期的に把握していくことも必要です。その際には、上司との面談の回数を増やすなどコミュニケーション不足にならないよう工夫をしておきます。特にテレワーカーにとっての不安材料でもある、マンネリ化や過度の孤立感・切迫感などを取り除くことも大切です。オフィスにいない時間が多ければ多いほど、より一層定期的な労使の意思疎通を図る機会を設定しておくことが重要です。

4）情報通信機器の使用・貸与、備品の費用負担

在宅勤務等を行う従業員に通信費や情報通信機器等の費用負担をさせる場合にも、就業規則に規定して予め決めておく必要があります。また、水道光熱費なども業務に使用する部分を企業がどれほど負担するかについても決めておかないと些細なことで後々トラブルになりかねません。

5）社内教育や研修制度の定め

在宅勤務は一人で仕事をすることから、社内教育や研修制度への参加ができないことも考えられます。そこで、解決策として、撮影した研修ビデオをオンデマンド方式で受講してもらうようにします。これによって研修の機会が与えられない不公平が生じることを防ぐことができます。

⑧労働時間把握と在席・離席の確認

経営者にとってテレワーク導入を難しくさせることの一つに、この労働時間

の把握の難しさがあると思われます。しかし、既存のシステムでもメール・電話・勤怠ツールなどを用いて連絡を取るようにすれば労働時間の把握も十分可能と言えます。従業員に事情変更があった場合にも、臨機応変に対応できるように、取り扱いルールを予め設定しておけばよいのです。

　テレワークの場合、オフィスワークと異なり従業員が在席しているか離席しているかの把握が難しいということで、管理者側としては疑心暗鬼になることもあります。一方の従業員にも、事情によって、始業・終業の時刻を変更せざるを得ない場合や、業務を中断する必要が生じる場合などがあります。そのため、離席をするとサボっていると思われてしまわれないか、評価が下がるのではないかといった不安をも持ち合わせています。そこで、必要に応じて中断できることや始業・終業時刻を弾力的に扱えるように決めておくことで、そうした不安にも対応可能です。さらに、スケジュール管理、プレゼンス管理（在席管理）ツール、情報共有ツールなどを利用すれば労働時間を把握することも難しいことではありません。定期的に仕事の進捗をメール等で報告させるように決めておくことや、離席やログアウトが一定時間経過することにより状況報告されるシステムを組み込んでおくことなども考えられます。

　しかし、この不安とは裏腹に、直接的な上司の目が届かないところで仕事をするからこそ、仕事をサボっていると思われたくないという心理も働きます。そのためかえって一生懸命業務に励むテレワーカーが多いとも聞き及びます。このことは裏を返せば、自律性の向上・自己管理できる人材が育つという面もあると考えることができます。目標設定・業務進捗・業績管理などを自律的に行うよう管理することで、結果としてセルフマネジメント能力が養われることや仕事と生活との切り替えをバランスよく行うことによるメリハリのきいた業務ができるようになるという効用も期待できます。せっかくのテレワーク導入ですから、あまり厳格に管理するよりも、ある程度従業員の自主性に任せ人材を育てていくという観点も持ち合わせた柔軟な管理も必要なことでしょう。

　その他、労働時間の計算が困難な場合には、みなし労働時間制（事業場外での勤務のために労働時間を把握できない時に一定時間を労働時間とみなす制

度）を導入することも可能です。要件としては、

> 1) テレワークが起居寝食等私生活を営む自宅で行われること
> 2) テレワークで使用しているパソコンが使用者の指示により常時通信可能な状態となっていないこと
> 3) テレワークが臨時使用者の具体的な指示に基づいて行われていないこと

の3点です。事業や業務の種類に応じて検討してみるとよいでしょう。

⑨勤務成績・業績評価

　さらに、勤務成績や業績評価の難しさも指摘されるところです。それは、オフィスに出社しての勤務との関係で、異なる扱いをせざるを得ない状況が生じることがあるからです。オフィスに出社すれば、自分の仕事以外にも時間や労力を必要とされることがあります。担当業務以外の電話受け応えやトラブル対応、職場におけるルール順守や職場環境整備対策への参加など、社内にいれば何かと雑用などが逐次入ってきます。もちろん通勤時間の負担ということも見過ごせません。そうするとオフィスワーカーとテレワーカーとで異なった扱いをすることは致し方のないことと思われます。このことは、従業員にはあらかじめ理解しておいてもらわねばなりません。後々のトラブル防止の観点からも、予め説明と承認を得ておくことが重要です。

　評価制度に関しては、テレワーク導入と同時に定めておくことが必要です。そしてテレワークを選択する対象者には、オフィス勤務者と評価方法が異なる旨を説明しておき納得の上で就業してもらいます。実際の評価の段階でも、業務の過程そのものを評価することは難しい面があり、テレワークに対しては成果物により行うことが多いと思われます。したがって、成果物だけで評価するか、テレワーカーが間近にいない分を総合的に加味するか、あるいは成果に至るまでの過程についても逐次報告を義務付けて評価するかなど従業員としっかり話し合いをしておく必要があります。

⑩テレワークのガイドラインに基づいた労務管理

　厚生労働省は、「情報通信技術を利用した事業場外勤務の適切な導入及び実施のためのガイドライン」を平成30年2月22日に策定して公表していますので、目を通しておく必要があります（厚労省のHPでダウンロードできます）。

　柔軟な働き方に対応できるテレワークにおいては、労働時間の管理の難しさ、仕事と仕事以外の切り分け、長時間労働になりやすいなどの問題や課題が付いて回ります。これらに対しては、結局のところ労働関係諸法令を順守することが第一義的な対応方法ですので、このガイドラインが、これらの労働関係諸法令への適用をテレワークに則して留意点等を示しつつ、テレワーク導入への一助となってくれます。

　例えば、在宅勤務時の「中抜け時間」については、休憩時間、時間単位有給休暇等の取扱いが可能であることや、移動の時間が休憩時間になる場合と労働時間になる場合とで分類することができるといった、テレワークならではの時間管理法が掲載されています。また、テレワークによる長時間労働対策として、メール送付の抑制や、システムアクセスの制限、時間外・休日・深夜の禁止などの手法などについてその一定の方策が例示されています。

　このガイドラインに沿った労務管理は必須ですので、多少の手間があるかもしれませんが、より一層働きやすい職場を作り上げる好機と捉えて臨んでみてはいかがでしょうか。

⑪情報セキュリティ・執務環境の整備

　セキュリティ対策として、情報を扱う者のルール作りによるもの、ウイルスやハッカー対策など技術的なセキュリティ、防犯対策、書類や端末の施錠、生体認証導入などを検討する必要があります。これらについても、様々なツールがあるためその中から選択して導入していくことで対応できます。

　端末用としては、主に、

1) 端末へのログイン認証〈多重認証・生体認証〉
2) クラウドアクセス時の端末認証

第8章　テレワークで成果をあげる

> 3) HDD暗号化
> 4) ウイルス対策ソフト

などが挙げられます。

　また、街中には無料Wi-Fiがあり自由に利用できる場所があります。非常に便利である反面注意しなければならない場合があります。実は、ウイルスに感染している端末が同じWi-Fi環境下にあると、別の端末にも感染してしまうことがあるのです。そこで、情報セキュリティ対策としては、安全が確認できていない無料Wi-Fiには、業務に使用する端末をとりあえず接続しない規定を決めておくべきです。

　他方、在宅勤務者の執務環境については、パソコン画面の見すぎによる心身の負担を軽減するために、事業者が講ずるべき措置について示した「VDT作業における労働衛生管理のためのガイドライン（平14.4.5基発第0405001号）」に留意して、部屋の採光や照明、換気や温度設定などについても周知助言をする必要があります。あるいは従業員向けの研修をどのように実施するかについても検討しておくべきでしょう。

⑫セキュリティトラブル対策事例

　（総務省「テレワークセキュリティガイドライン第4版（平成30年4月版）」より）

　ここでは、総務省「テレワークセキュリティガイドライン第4版（平成30年4月版）」から、事例をピックアップして紹介します。このガイドラインは、テレワークを導入する上では最低限心得ておかねばならないセキュリティに関して、基本が理解できるものとして発行されていますので大変参考になります（総務省のHPからダウンロードできます）。

　一例を挙げますと、マルウェア感染に関するトラブル事例があります（同ガイドライン31ページ）。

【トラブル事例】
「社内で普段使っているノートパソコンを社外に持ち出して業務をしていた。情報収集のため海外の情報まとめサイトを閲覧したところ、ランサムウェアに感染し画面がロックされてしまった。復旧に時間がかかったために納期遅延を発生させてしまった」という趣旨。

これに対するテレワーカーのすべき対策例としては、インストール前のチェックを怠らないことのほかに、端末のウイルス対策・マルウェア対策ソフトの導入、OSやアプリケーションのアップデート、危険なウェブサイトへのアクセスフィルタリング等が挙げられています。要するに、危うきには近づかないことなのですが、閲覧だけで悪意あるソフトをインストールしようとするものもあるので、アンチソフトの導入とアップデートは欠かせないということと思われます。

⑬ テレワーク導入のためのICT環境の構築

（厚生労働省「テレワーク導入ための労務管理等Q&A集」を参照）
テレワーク導入のためのICT環境の構築には、次の4つの方式があります。

1) リモートデスクトップ方式
オフィスに設置されたPCのデスクトップ環境を、オフィスの外で用いるPCやタブレット端末などで遠隔から閲覧及び操作することができるシステムです。

2) 仮想デスクトップ方式
オフィスに設置されているサーバーから提供される仮想デスクトップに、手元にあるPCから遠隔でログインして利用するシステムです。リモートデスクトップ方式との違いは、サーバーにアクセスして利用する点です。

3) クラウド型アプリ方式
オフィス内外や利用端末の場所を問わず、Web上からクラウド型アプリにアクセスし、どこからでも同じ環境で作業ができます。従来のSaaSや

ASPと呼ばれていたサービスに近いものですが、必要なアプリケーション（機能）が、企業のコンピュータや専用サーバー上ではなく、クラウドサーバー上にあるという点で異なります。

4）会社PCの持ち帰り方式
会社で使用しているPCを社外に持ち出し、主にVPN経由で業務を行う方式です。実際に採用する場合は、企業から従業員に対して、情報漏えい対策などの十分なセキュリティ確保のほか、私的利用の制限などの技術的な機能制限をしておく必要があります。

⑭安全管理・労働災害
　労働安全衛生法第3条において、事業者には従業員の安全と健康を確保しなければならないとされています。快適な環境で作業できるよう職場を整えることが求められています。これはテレワークにおいても同様です。「どこでもオフィスになる」わけですから前出（5）⑩で紹介しましたガイドラインに基づいて、周知助言をすることが必要です。また、健康診断、長時間労働に対する面接指導、ストレスチェックなども実施して、健康上の相談を受け付けるなど配慮しなければなりません。

　また、労働者災害補償保険も適用になります。私的行為と業務との関係性については注意が必要となるものの、業務が原因で負傷・疾病・死亡という災害があれば、労災保険の給付はあり得ます。例えば、自宅で所定の労働時間中にパソコン業務をしていた際にトイレに行き、戻ってきて椅子に座ろうとして転倒した事案で業務災害と認められたものもあります。

⑮テレワーク導入後のフォローアップ
　厚生労働省から、年度ごとにテレワークモデル実証事業として「テレワーク活用の好事例集―仕事と育児・介護の両立のために」が刊行されています。こうした他社の事例等を参考にしながら、自社の取組において過不足がないかなどを定期的に照らし合わせていくことが必要です。初めから全てうまくいくものでもありません。時間を掛けながら徐々に修正を加えていくことが肝心で

す。同実証事業の事例詳細は当該刊行物をご参照いただくとして、平成28年度版の21ページに、テレワークにおける普及のボトルネックへの対策と銘打って、導入後時間が経過すると制度を利用する人がいなくなることや、対象者がなくなることにより実質的に制度が廃止されてしまうことに関して言及がありました。

制度が廃止されてしまう例として

1) 制度が利用しづらい
2) ICTツールを使いこなせことによる利用者減少※筆者追記)
3) 従業員がテレワークを特定の人のための制度と誤解している

といった問題点がコラムの形式で掲載されています。

1)については、終日在宅ではなく部分在宅の導入、2)については、コミュニケーションツールを追加利用するあるいは日報作成に利用しているツールへの変更、3)については、全従業員対象に経営トップがビデオメッセージを配信することや、社内広報による在宅勤務辞令・利用者インタビューの掲載、あるいは上長主導で利用申請を一旦対象者全員が取得するようにするなどの対処法が講じられています。

廃止した制度を立ち上げなおすのも大変です。そう考えると適宜見直しを加えつつ利用しやすい制度を維持するための努力も必要となってきます。

⑯テレワーク導入にあたって
・相談窓口および関連事業
ⅰ) テレワーク相談センター

テレワークを導入するにあたっての相談先として、厚生労働省の委託事業で、「テレワーク相談センター」が設置されています。専門員が常駐しており、テレワークの導入に関することなどを無料で相談対応してくれます。

電話 0120-91-6479　http://www.tw-sodan.jp/

ⅱ) 一般社団法人日本テレワーク協会

ダウンロードできる資料等をホームページで掲載していますので、参考にな

ります。http://www.japan-telework.or.jp/

ⅲ）時間外労働等改善助成金

　時間外労働の制限その他の労働時間等の設定の改善及び仕事と生活の調和の推進のため、在宅又はサテライトオフィスにおいて就業するテレワークに取り組む中小企業事業主に対して、実施費用の一部を助成するものです。

　［時間外労働等改善助成金（テレワークコース）］で検索

ⅳ）情報通信技術を利用した事業場外勤務の適切な導入及び実施のためのガイドライン

　［情報通信技術　ガイドライン］で検索

ⅴ）輝くテレワーク賞

　テレワークをさらに普及・推進させていくため、厚生労働省で設けられた表彰制度です。

　テレワークの活用によって労働者のワーク・ライフバランスの実現において顕著な成果をあげた企業等を表彰し、先進的な取組を広く社会に周知することが目的です。先行企業の状況は参考になります。

・テレワーク導入にあたっての心得

　これまで、テレワーク導入にあたっての注意点などを述べてきました。ここで心得ておきたいことをまとめに替えて列挙しておきます。

---

1) 労使双方が共通の認識を持つまで、十分に話合う
2) 業務の円滑な遂行のため、業務内容などを明確にする
3) 業務評価や賃金制度を構築し、労使双方が理解する
　ⅰ）通信費や情報通信機器などの費用負担の取扱いを定める
　ⅱ）社内教育などの充実を図る
　ⅲ）自宅でテレワークを行うに当たっては、労働者も自律的に業務を遂行する

　よくよく考えてみると、これらのことは、テレワークに限らずこれまでの労使慣行においても必要とされる、「労使でよく話し合いをして取り決めをし、

トラブルを未然に防ぐこと」に行きつくことがわかります。決して背伸びをするのではなく、必要なところから、できるところから、できる範囲で真摯に取り組むことが肝要だということに尽きるわけです。

⑰テレワーク先駆者百選に学ぶテレワーク導入例

　総務省のテレワーク先駆者百選には、IT業界を中心として様々な実施事例が掲載されているので、紹介します。

・分単位での時間管理

> 岡山県のeコマースでの小売業、株式会社Orb（従業員13名と記載）では、独自に「分給制度」を導入しているとことに特徴があります。1分単位で給料が自動カウントされるシステムを構築し、働く時間を決めにくい子育て中のスタッフに喜ばれているそうです。テレワーク導入の効果として、「遅刻・早退がしやすいようにした。
> 　…経営理念である相互尊重の自覚・社風ができあがった。
> 　…意識の高い求人応募者が増え、優良人材の確保に繋がっている。」とのことです。分単位での管理が可能であることの実証例ですし、何しろ優良人材確保に繋がったと言う点も、大いに中小企業としても参考にしたい事例です。

・SNSでの密な連絡・クラウドシステムのタイムカードの導入

> 兵庫県の自動車部品卸売り、小売業の株式会社三協パーツ商会（従業員12名と記載）は、テレワーク業務中に発生したトラブルや疑問点を、SNS（チャットや音声通話）で連絡を密にとることで、タイムリーに解決しているとのことです。
> また、クラウドシステムを使ったタイムカードを導入して業務時間を把握しています。その効果としては、集中して業務を行うことによる生産性向上や通勤時間の短縮のほかにも、ワーク・ライフバランス向上や、本来であれば仕事を継続できなかった社員が継続して働くことができ、キャリア

形成を促進しています。

・経理処理業務も在宅勤務スタッフが担当

東京都の教育、学習支援業を業種とする一般社団法人全日本ピアノ指導者協会（従業員数70名）は、データメンテナンスや入力作業はもとより、経理処理などコアな業務も、在宅勤務のスタッフが日常的に行っているとのことです。

また、「IP電話システムを用いて、社外でも代表電話番号にかかってきた電話を取ることができ、また、社内外問わず内線をまわすことができる」ようになっています。テレワークの効果として、通勤コスト／オフィスコストの節減、人材確保、交通機関の乱れが予想される日の在宅勤務、ワーク・ライフバランスなどが挙げられています。特に、「テレワーク導入によって出勤が必要な業務と必要ない業務とを明確に切り分けることによって、ビジネスモデルがより明快に見えるようになった」ということで、ビジネスモデルの変革をもたらしたこのテレワークの導入という点で注目しています。

2. クラウドソーシングの利活用による業務効率化

　クラウドソーシングは、インターネットを通じて不特定多数の個人または企業に業務委託をすることです。うまく活用すると業務の効率化が可能です。ビジネス・プロセスを見直してクラウドソーシングをうまく取り込めば、効果的、効率的な業務運用の有力な手法として機能し、成果をあげることにつながります。

　そこで、ここでは、業務効率のための新しい取り組みとして、クラウドソーシングについて、その活用法と課題についてご紹介します。

(1) ICTを活用した人材調達手段

　人材の確保が大きな経営課題となっている今日、外部の労働資源を活用する方法も重要です。ICTを活用した人材調達であるクラウドソーシングは、インターネットを通じて不特定多数の個人または企業に向けて業務委託をすることにより、業務の効率化を図ろうとする、クラウド（crowd）＝群衆とアウトソーシング（outsourcing）＝外部委託を組み合わせた仕組みです。結果として、専門性を持つ者にその能力を発揮してもらうこと、あるいは単純作業を切り出しての外部委託化など人件費をはじめとしたコスト削減に有効です。

(2) どのような業務をどういう人に発注するか

　クラウドソーシングで具体的に何を発注することができるかを見てみると、例えば、

---

1) ウェブ開発関連（スマホアプリなど）
2) ウェブデザイン関連（自社のホームページ・Facebook・LINEスタンプデザインなど）
3) サーバー構築
4) デザイン関連（チラシ作成、ロゴ作成、キャラクター作成）
5) ライティング関連（ネーミング、記事作成、ブログ記事作成）
6) 画像・動画加工関連
7) 作業関連（翻訳、データ入力、梱包作業、など）
8) その他（市場調査、データ収集、覆面調査、アンケートへの回答など）

などが挙げられます。

　これらの業務は既存の専門業者だけではなく、今まで依頼することができなかった学生や主婦、あるいはシニア層にも作業に携わってもらうことができることが特徴的です。

(3) クラウドソーシング発注の流れ

クラウドソーシングを利用して発注する場合には、

1) サイト会員登録
2) 発注
3) ワーカー（受託者）選定
4) 成果物検収
5) 報酬支払
6) ワーカー評価

というプロセスを経ることが考えられます（中小企業庁「2014年版中小企業白書」（374ページ）のクラウドソーシングの利用〈発注者側〉参照）。

ワーカーも同様にサイトに会員登録しておき、自らの受注可能な業務に応募して、受注していくことになります。ここでいうサイト会員のサイト（プラットフォームという用語で説明されることもありますが、本書では一般的なインターネットのサイトという用語を用います）には、「総合型クラウドソーシングサイト」と「特化型クラウドソーシングサイト」があります。企業は、発注したい業務を完遂してくれるワーカーが存在しているサイトを選択して登録します。

(4) クラウドソーシングサイトの選択

クラウドソーシングによって業務受発注を行うインターネットサイト運営事業者は豊富にあります。ここでは、その代表的な運営事業者を紹介しつつ、どのように選択をしていけば良いか留意点を確認します。

総合型のクラウドソーシングサイトとして、次の3事業者は代表格といえるでしょう。

1) ランサーズ
日本で最初にクラウドソーシングサービスを始めた業界最大級の事業者で

す。2008年12月からサービスが開始されていて、2018年1月時点で依頼件数181万件を超えています。実績の豊富さが強みと言えるでしょう。

2) クラウドワークス

2012年3月からサービスが開始されました。テレビや雑誌などのメディアで取り上げられることもあり、認知度も高い事業者です。政府や地方自治体も活用するなどその実績も豊富です。

3) Job-Hub

人材派遣会社のパソナグループのパソナテックが運営していますので、パソナの人材活用ノウハウが生かした運営に強みがあります。社外の人材情報を一元で管理し、最適な人材に業務の依頼ができる業務発注管理サービスなども行っています。

その他にも、Craudia、Bizseek、シュフティ、ココナラ、その他多くのサイトがあります。また、その他にも、デザイナー、エンジニア、ライター、アイディア募集などそれぞれクラウドソーシングで可能な分野に特化したサイトも多数あります。

選択するときの留意点としては、それぞれ自社にあったサイトを見つけられればいいのですが、これだけ種類が豊富だと逆に迷いが生じます。あとは実際にサイトを見てみると、その実績、実例、利用者の声などが掲載されています。自社が必要としているスキルを持っている登録者が多くいるサイトを探していくことになります。まずは導入時に迷うときには大手のサイトからスタートして、徐々に業界の得意不得意などを探しあてていくのも一考かと思われます。

そうしておいて、最終的に発注する段階では、作業内容に関する正確な情報を提供することにも気を配っておきたいところです。業務についての正確な情報が伝わっていないと、ワーカーが提出する成果物が発注者の意図とかけ離れたものになり、のちにトラブルになりかねません。

(5) クラウドソーシング発注スタイルの類型
①プロジェクト型
　期間や成果物が決まっているプロジェクト単位で行われるような業務を対象に行われるクラウドソーシングです。これはウェブ開発やホームページ作成が代表例です。報酬は1件当たり数千円から、基幹システムの開発等では数百万円にまで幅広く行われます。
②コンペティション型
　コンペティション型は、ある決まった成果物を提出する仕事が対象です。ロゴ作成、チラシ作成等が代表例です。報酬は1件当たり数千円から数十万円程度が想定される価格帯です。1件の募集に対して複数のワーカーが応募する形になるため、競争率が高くなる場合があります。発注する企業は、成果物を一つ選び、そのワーカーを受注者として決定します。その場合、成果物を見てから受注者を決定できるため、発注者側には、ワーカーの実績にこだわらずに決められるという利点があります。
③マイクロタスク型
　マイクロタスク型のクラウドソーシングでは、誰でもできるような簡単な成果物（例えば簡単なデータ入力等）を提出する仕事を対象とします。特別なスキルがなくともできるため、報酬単価は1件当たり数円から数百円という価格が想定されます。企業が発注する際には2通りのパターンによります。小さな仕事をある程度の大きさにして個人に発注するパターンと、クラウドソーシングサイトの運営者に発注し、運営者が分割して多数のワーカーに割り振ることで実行していくパターンです。学生や主婦層あるいはシニア世代など幅広い層が依頼対象になります。

(6) クラウドソーシング利活用例
　ここでは、中小企業庁「2014年版中小企業白書」の389ページ以降に掲載されている2つの事例を紹介しながら、各社がどのようにクラウドソーシングを利活用して業務効率につなげているかを概観していくことにします。

①経営課題を解決

> 千葉県成田市の株式会社ソフトプランナーは、自動車整備システムや車両販売管理システムの製作販売を行っている企業です。
> 同社は、新規顧客のデータ移行が技術的に実施できないことから、キャンセルしてしまうケースが5～10％程度あったとのことです。そこで、クラウドソーシングに自社内ではできないデータ移行の業務を発注し、キャンセルを避けられるようになりました。
> その後もホームページの機能追加や会社ロゴ、名刺作成、ちらし・ポスターのデザイン等もクラウドソーシングで発注するようになり、費用を抑え、品質も良く納期も早いなどそのメリットを享受しています。
> 同社の執行役員も、「…我々のような中小企業は、クラウドソーシングのような新しい手法を活用して競争力をつけなければ、生き残っていけないのではないか」とインタビューに答えています。
> 発注先が個人であっても問題ではないことを示唆してくれています。

②ロゴやラベルを作成した農園

> 山梨県山梨市の望月農園は、トマトと桃を栽培販売する農園で、ジュースやジャム等の加工品の委託製造も行っている農園です。同園は、農作物と加工品のイメージ統一を図るべく、クラウドソーシングで発注しました。ロゴの作成により、ラベル・のぼり・ホームページ・名刺を作成し、農園としての統一感を醸成することに成功します。その結果「3件のスーパーで同園の特設売場を設置してもらえたほか、新規の販売先も2件増加するなど、業績にも影響が出ている」とのことです。同記事には、「発注者の意図を汲んだコミュニケーションができるデザイナー」に発注できたことが大きいと園主が述べていることが掲載されています。
> 業績アップにつながったクラウドソーシング活用の好事例です。

(7) クラウドソーシングの課題

　発注する企業にとってクラウドソーシングは、提供される仕事の質が不安定であることや受注者との意思疎通が難しいという課題があります（中小企業庁「2014年版中小企業白書」（404ページ）；発注者がクラウドソーシングを利用する上での課題参照）。また、クラウドソーシングの取引は、インターネット上ですので国境がありません。そのため取引はグローバルに展開し、ワーカーにとっては世界中の同業者が競争相手になります。その結果、競争が高まることにより質の向上が期待できます。しかしその一方で、外国への発注ということで、意思の疎通を図ることが一層難しくなることや、ワーカーが過度な価格競争に巻き込まれる可能性もあります。

　法的な問題としては、偽装自営業者（就労の実態が使用従属関係にありながら、業務委託契約であることを建前に労働者として扱わない）の発生が考えられます。基本的には委託する企業と受託する者とは請負契約関係になりますので、労務管理の必要はありません。しかし、「就労実態」からは明らかに労働者であるにもかかわらず、自営業者であるからと労働法を適用しないでいることは違法行為になる可能性があります。したがって、請負契約関係だからと労務管理をしないでいると、足をすくわれることにもなりかねません。あるいは、業者が仲介して企業に労働者を紹介する形をとると、職業紹介に該当します。もしも事業許可を得ていなければ職業安定法違反とされることもあり得るのです。

　また、クラウドソーシングは必ずしも高度な技術や技能を必要とするものではないため、単純作業で低報酬という実態もあります。ここに非正規雇用の問題も潜んでいることは認識しておきたいところです。

ちょっと Coffee Break！
『IT 導入補助金について』

　生産性向上を目的に、自社に合わせた IT ツールを導入している会社も増えていると思います。ただし、そうした新システムの導入を検討しても、費用負担が大きい為に断念せざるを得ないといったケースも多いことでしょう。

　そのような現状に合わせて、新しい IT ツールを導入する際には国が導入費用の一部を補助してくれる制度もあります。

　例えば、2018 年には経済産業省が主導している『IT 導入補助金』制度があります。

　この制度は、中小企業・小規模事業者等が自社の課題やニーズに合った IT ツール（ソフトウエア、サービス等）を導入する経費の一部を補助することで、業務効率化・売上アップをサポートするものです。

　ちなみに 2018 年の補助対象経費は「補助対象経費区分：ソフトウェア、クラウド利用費、導入関連経費等」、「補助率：2 分の 1 以内」、「補助上限額・下限額：上限 50 万円・下限 15 万円」となっています。

　本書でも提唱している通り、中小企業の働きかた改革において、IT ツールの活用による業務効率化の推進はもっとも重要な要点のひとつです。

　上記で紹介しました IT 導入補助金制度はほんの一例ですので、ぜひ中小企業の経営者のみなさまには新しい IT ツール導入を費用負担の関係で断念してしまうのではなく、その時に利用できる補助制度があるか確認してみてください。

〔参考文献〕

- 大内伸哉『AI時代の働き方と法―2035年の労働法を考える』弘文堂、2017年
- 北岡大介『「働き方改革」まるわかり』日経文庫、2017年
- 厚生労働省『テレワークではじめる働き方　テレワークの導入・運用ガイドブック』
- 厚生労働省　雇用環境・均等局『平成29年度テレワーク推進企業等厚生労働大臣表彰～輝くテレワーク賞事例集～』
- 総務省『平成28年度総務省「テレワーク先駆者百選取り組み事例」』
- 田澤由利『テレワークで生き残る！中小企業のためのテレワーク導入・活用術』商工中金経済研究所、2017年
- 田澤由利『在宅勤務が会社を救う　社員が元気に働く企業の新戦略』東洋経済新報社、2014年
- 中小企業庁『2014年版中小企業白書』日経印刷、2014年
- 古川靖洋『テレワーク導入による生産性向上戦略』千倉書房、2015年
- 森本登志男『あなたのいるところが仕事場になる「経営」「ワークスタイル」「地域社会」が一変するテレワーク社会の到来』大和書房、2017年
- 吉田浩一郎『クラウドソーシングでビジネスはこう変わる』ダイヤモンド社、2014年

第 9 章

参考にしたい事例

会社は従業員の自ら考え行動する力を育てなければなりません。
　直近の中小企業白書にも「働き方改革」で参考になる良い事例がいくつも掲載されています。
　そこで取り上げらけれた企業の中から、ここでいくつかご紹介します。

1．株式会社小林製作所（2016年版中小企業白書より）

> 　株式会社小林製作所（社員99名、資本金1,000万円）は、石川県にある精密板金加工メーカーで充実した生産設備と技術力を強みに、多品・小ロット・短納期といった顧客ニーズに対応している企業です。1980年代、パソコンが普及し始めた当時、いち早くオリジナルの受注管理ソフトを開発し、導入しましたが、経営者側の一方的なIT導入に対して、社員から「パソコンに管理させ、社員を下に見ている」と反発され、IT活用が進まないだけでなく、やめていく社員もいました。1991年に社長が代替わりをし、その後1999年には次のように経営方針を大きく変えました。
>
>> 社員一人一人の幸せを追求する会社であり、社員が生き生きと働きがいを持って仕事ができる環境作りを目指す。
>
> 　このような中、変遷する時代に併せてITの活用によりコストを削減するため、システムの改良は続けていますが、システムの改良を行うときは、社員の意見を収集し、問題を解決できるようにしています。
>
>> IT導入の際は、全社員に説明し、賛同が得られた上で実施をしています。
>> 同社の社長は「どれほど素晴らしいシステムであっても社員が満足できるシステムでないと期待した効果を得ることはできない」と話されました。

とても印象的な言葉です。

経営理念に「会社の発展と。社員一人一人の幸せを追求し続ける日本一の板金塗装企業を目指す」ことが掲げられています。この理念に従い、文系・理系・男女を問わず、あらゆる方を採用し、出身学部に捕らわれず、あらゆる職種に挑戦することを可能にしています。例えば、文系出身の女性でもコーティング（設計）という専門的な職につき活躍している人も少なくありません。

もう一つの経営理念として「時間あたりの生産性向上を目指し、コンピュータの有効活用によって一人一人を活かし、一人一人をつなごう」を掲げています。

> 社員一人に1台以上のパソコンが配置され、自社開発の生産開発システムにより、全ての製品の何が何処でどのような状態にあるのかを、誰もが簡単に知ることができる状態にあり、生産性を上げています。

このような取り組みが注目され、新聞やテレビにもしばしば取り上げられ、経産省が実施した中小企業IT経営力大賞の最高賞である経済産業大臣賞など様々なITの賞を受賞しています。

また、行動指針には以下の3つが掲げられています。

・和気：チームワークでものづくり
・活気：自己改革にチャレンジ 自己ベストを尽くそう！
・元気：元気一杯笑顔で挨拶「おはよう！」「おつかれさま！」

こんなことからも、社員一人ひとりが生き生きとやりがいを持って働く姿が目に浮かぶ会社です。

2. 株式会社喜久屋（2017年版中小企業白書より）

　東京都足立区に本社を置く株式会社喜久屋（社員191名、資本金1,000万円）は、1956年にクリーニング会社として出発し、現在は店頭クリーニングのほかにもマンションの管理会社等と連携したクリーニング取次システムの運用、宅配クリーニング、衣類・布団等の無料保管サービス等、国内外で幅広く事業を展開しています。

　主戦力であるパートタイム社員158名の大半は女性であり、20代から70代まで幅広い年齢層で構成されています。

　同社のパートタイム社員の定着率は高く、その理由は、

> 業務の平準化を図る生産体制の工夫、育児や介護といった個々の事情を抱えるパートタイム社員の働きやすさを実現する企業風土、社員の能力向上と継続勤務のモチベーションアップを図る職能等級制度

にあります。

　まず、生産体制の工夫として、

> ・同社では一人の社員が複数の業務や機械の操作を担当できるよう「多工程・多台持ち」の仕組みを導入しています。この仕組みにより、急に休まなければならない社員がいる場合でも、社員同士で互いの業務を補い合い、円滑に業務を進めることが可能となっています。
> ・同社は子連れ出勤を認めており、社内休憩室には幼稚園・学校帰りの子供たちが遊べる場所も用意されています。
> ・同社にはパートタイム社員が対象の職能等級制度があり、能力に応じた等級に基づき賃金を支給するほか、役職手当の支給、店長への登用や、正社員転換等の制度も設けています。

これらの制度を通じて、パートタイム社員の能力向上と継続勤務へのモチベーションアップを図り、現在は役員に昇格した元パートタイム社員もいらっしゃるとのことです。
　このように、社員が安心して長く働き続けられる職場環境はとても大切であり、今後も社員が安心して働ける環境づくりを進めていくことで、「喜久屋で働きたい」という人材を確保し、社員とお客様双方の暮らしに価値を提供し続けられる企業となることを、同社は目指しています。

会社訪問記（株式会社喜久屋）

　我々フェニックスメンバーで、同社を訪問してきました。財務省からの問い合わせがあるほど世の中の注目を集めている会社ですが、ありがたいことに代表取締役の中畠社長に直接お話を伺うことができました。

中畠社長

　中畠社長は「中小企業だと、とかく社員のためという視点より、取引先やお客様など売上先のためという視点を重要視しがちですが、お客様か社員としてではなく、生活している人のためという視点が大切である。また、お客様だけでなく、地域住民や社員皆を幸せにできたらという考えで事業を行っていくことを大切にしている。」と仰っており、「喜久屋でよかった」という社員の意識を礎に事業を行っていることを熱く語っていただきました。
　現在、社員が働きやすい仕組みや制度がたくさんある同社ですが、きっかけは非正規社員や女性社員への配慮だったそうです。取り組みを始めてから数十年、うまくいかなかったり定着しなかった仕組みもあるとのこと。これほどの会社でも失敗があったと伺い、少しホッとしました。最初からすべてが完璧にいくものではありませんね。

しかし、

> 絶えず働いている人の声、現場の声を聴いて取り組まれてきたそうです。

これらの取組みの継続は確実に実を結んでいて、毎朝すべての事業場で唱和しているという経営理念もしっかりと社員の皆様と共有されていました。

常に現場の声を聴き、正社員全員と必ず年1回は面接をするとのことです。それだけではなく、頻繁に各事業場を回られてもいらっしゃいます。もちろん海外事業場まで（ほんとにお忙しい中お時間を割いていただきました）。

中畠社長に上がってくる声は、働き方だけに留まらず、事業の運営に関することも含まれているそうで、まさに全員経営と言えます。

また、同社は財務諸表なども正社員に対してフルオープンにしています。

> もちろん財務諸表を読み方も指導されています。

ですから、正社員は、事業運営について自分自身で考えることの出来る情報を得ているわけです。そこから上がる声は、事業のアイデアにつながることもありますし、他にも経営陣の考える事業展開の裏付けになったりもするわけです。決定をするのは会社代表者や経営陣の仕事ですが、その決定をする根拠は事業を実際に行っている人が一番事業を知っていますので、その声が全てですね。

そして、そうした社員を大切にするための一つの方法として、業務の平準化や多能工化が挙げられます。業務の平準化は仕事量をコントロールしますので、中長期的な見通しがたてやすくなり、また、多能工化によりある社員が休んでも他の社員がカバーできる体制をつくっています。自分の都合ではなく家族の事情などで、どうしても休まないといけない時ってありますよね。休みたくて休んでいるのではないのに、気を遣いながら休む

のではいたたまれません。特に女性の方にそのような傾向があるとおっしゃる中畠社長は女性の味方です。働き方改革でよくある「残業を減らせ」や「有休をとれ」などと会社が社員に対して一方的に命じても、言葉だけでは現場は実行できず、休むということが定着しません。

> **会社が率先して社員が休みやすい体制を作っているのです。**

中畠社長のお話には「お互い様」という言葉がたくさん出てきます。
自分のことだけをいうのではなく、

> お互い様とみんなが言い合える気持ちが会社全体に根付いています。
> 世代や人が変わっても、かつて自分もそうだったと振り返り、お互い様と今度は違う人達の手伝いをする。
> 一人ひとりの助け合うという意識がとても高いと思いました。

そんな思いが社員を多能工化へ後押しするのではないでしょうか。
　お客様にとっていいお店にお客が集まるように、社員にとっていい会社に社員は集まります。また、企業理念がしっかり定着していれば、その理念に賛同できる人が会社には残ります。できない人は自ら去っていくものです。「社長業は孤独」とよく耳にします。ですが、社長一人で事業を行っているわけではないですから、本当は孤独ではないはずです。周りの人が声をかけてくれます。

> **もちろんいい言葉だけをかけてくれるわけではありません。時には厳しいことも。どんなことでも社長と話せるように。でなければ、社長は現場のことを知らないままになってしまいます。一番現場を知っているのは現場の人たちですから。**

　社員に何も言ってもらえない会社や経営陣はだめなんだということを学びました。

3. アース・クリエイト有限会社（2017年版中小企業白書より）

　岐阜県岐阜市のアース・クリエイト有限会社（社員23名、資本金300万円）は、道路標示・区画線等の路面表示工事を施工する交通安全施設事業を主とする企業です。同社では、かつて長時間労働が常態化し、社員は仕事をやらされているという意識が強く、定着率も低いものでした。現取締役営業本部長である岩田良氏は、代表取締役社長の中石俊哉氏に「会社をもっと大きく」、「もっと良い会社にしたい」との思いをぶつけたところ、「任せる」との後押しを受け、2005年に改革が始まったそうです。

　職場環境の改革に当たって、最も苦慮したのが「職人気質」から「オールラウンダー」への社員の意識改革です。従来は職人気質の風土であり、若手も育ちにくい状況でした。

そうした状況に対し、毎年、本人の適性を勘案しながら配置転換・担当交代を行うことで、社員一人ひとりが複数の仕事をこなせるようになり、若手であっても経験を積む機会が増えました。

　こうした取り組みにより社員の能力が向上した結果、これまで5名体制が3名体制でできるようになるなど、仕事の効率性が高まったことで、

平均時間外労働も従来の3分の1に減少し、生産性の向上にもつながっています。

　さらに、2007年に子育て支援制度の拡充を進め、配偶者の出産時に取得できる2週間の特別休暇制度を創設し、子どもが義務教育の間は、子どもの学校行事・けが・病気等を事由に取得できる日数が無制限の有給休暇制度も整備しました。この子育て支援制度については、あえて取得回数や休暇日数の上限を明文化していないことが利用促進の要点です。

> 加えて、二人一組で仕事をする「バディ制度」を導入しました。
> バディ間で情報共有を図ることで、属人的な領域を排除し、個々人が休暇を取りやすい風土を形成するほか、社員間の信頼関係の強化にもつながっています。

これら柔軟な休暇制度の運用と、円滑な業務運営を両立させている背景には、

> 有給休暇の事後申請、タブレット端末からの日報・月報提出、SNSを活用した情報共有、定型事務手続の簡素化等の、業務効率化のための改善を同時に進めてきたということがあります。
> まさにテレワークの活用です。

そして、これらの試みは、社員との毎月の面談で寄せられた意見を受けて導入したものが多い状況です。

常に改革を進める同社では、高齢で体力的に厳しくなってきた社員や、育児や介護等の事由により働く時間に制約のある社員等に対し、各々の社員の事情に合わせた「働く場」を提供し続けることを新たな挑戦として掲げています。

4. 株式会社ゼンショーホールディングス

同社は、中小企業白書に掲載されている会社ではありませんが、非常に参考となる事例のひとつですので、取り上げさせていただきます。牛丼チェーン「すき家」を展開する株式会社ゼンショーホールディングスですが、2014年、新商品の導入で店舗社員の負担が増えたことで多くのアルバイトの離職を招き、人材確保が困難になり、深夜営業だけでなく休業店

も続出した記憶は新しいことと思います。

　あれから5年が経過した現在ですが、

> ゼンショーホールディングスの業績は既に3年目には回復しています。休止していた営業を再開していることが業績回復の理由ですが、深夜も営業できるほど（ワンオペではありません！）人材確保ができるようになりました。

　「すき家」が一体どのように人材を確保して、業績回復することが出来たのか、同社のプレスリリースから探っていきます。

　同社は事件が発覚してから、「すき家」の地域分社化と第三者委員会の設置を公表しています。そしてすぐに取り組み、2ヶ月後には、風通しの良い店舗経営体制の確立を目指して、全国に7つの地域運営会社を設立しました。

> 各地域会社の担当店舗数を300店舗前後とし、各階層のマネージャーが担当する店舗数を減らし、よりきめの細かい店舗運営を可能としました。

　社員と密なコミュニケーションを行った結果、モチベーションが向上したアルバイトがより高次な職務を目指すようになり、地域正社員への登用が加速しました。

　また、労務管理体制の強化としては、

> 同社の労政部を社長直轄組織として独立させ、専任の労政担当を配置、より機動的に問題解決ができるようにしました。

　もちろん、労働時間管理も要点です。

> 会社とゼンショー社員組合会との間で時間管理委員会を立ち上げ、月

> ごとに労働時間を確認する体制を整えました。

　ガバナンス体制の強化も図りました。常勤の監査役を置くとともに、社外取締役を招聘し、経営監視を強化したのです。職務権限規程を改定し、意思決定のスピードを向上させたのです。提言を受け、規定を変更したい場合、速やかに見直しを進めることができるようになりました。
　そして2014年初秋頃、一部の店舗で深夜営業を複数勤務体制で再開しました。再開した全ての店舗で24時間営業というわけではなく、複数勤務体制がとれない店舗では深夜営業は行いません。

> 無理な営業は行わないのです。

社員の負担ではなく、営業を優先していた頃とは180度変わった方針です。またその数カ月後、第三者委員会の提言に沿って、社外の有識者5名で構成する「職場環境改善促進委員会」を設置しています。すき家の職場環境改善の進捗度合いを継続的に確認・評価するとともに、再発防止や信頼回復のため各委員の様々な分野の知見に基づく意見を集約し、ゼンショーホールディングス経営陣に提言することが目的です。ゼンショーホールディングス社内でも、職場環境改善促進委員会を全面的に支援するため、役員と社員で構成する「グループ職場環境改善改革推進室」も新設されました。「すき家」の職場環境の改善に留まらず、グループ各社の職場環境の改善改革に積極的に取り組んでいく旨、宣言されています。
　2015年2月からはより風通しのよい店舗運営を図るため、すき家の全国各地区でクルーが主体となって意見交換を行う「クルーミーティング」を、労働組合と協業で開催しています。

> こうした取り組みにより、残業時間は確実に減っています。

給与も、パートアルバイトを含めベースアップを図りました。そして現在、

離職率も減少傾向が見られるまでになったのです。

　今や国民食といえる牛丼。お客様がいつでもどこでも安心して食事をするためには、働く人が安定した食事提供を行ってくれなくてはいけません。いつでもどこでも安定した食事提供ができる、そんな店舗を作って欲しいと思います。

5. 会社が大切にしなければならないのは「社員とその家族」

　会社のお客様は売上先です。ですから、売上先のお客様が満足できる仕事をやり遂げなければいけません。ですが、会社を構成している社長以下役員、管理職、現場を担う社員からパート、アルバイトまで誰が直接お客様に商品を売るのでしょうか。私たちは誰のために、その仕事をしているのでしょうか。あなたの仕事がアシスタント業務であれば、誰のためのアシスタント業務なのでしょうか。広い視野で見れば、お客様とは必ずしも売上先ではありません。

社長のお客様は、会社の社員です。

　売上先のお客様のことは、社長よりも現場の社員がもっと詳しく知っていて、どんなことが役に立つのか考えています。社長が改めて指示を出す必要はありません。社長業は会社経営です。その経営組織を構成しているのは社員です。経営が円滑に行われるためには、社員が順調に働いている必要があります。どんな社員でも、嫌いな上司や会社のために、業績を上げようとは思いません。
　つまり大切なことは、

社員が会社や上司、組織のために働こうと思える環境を作ること

ではないでしょうか。

ESなくしてCSなし

社員が会社または会社の商品を好きでなければ、売り込めないわけです。社員が会社や上司、組織のために働こう、働きたいと思える環境を作ることではないでしょうか。
　なぜ、今残業時間が問題になっているのか。もちろん健康問題もありますが、それだけではありません。残業時間が減れば、プライベートの時間が増えます。やりたいことや家族との時間に充てることができます。残業時間を減らすということも、社員やその家族を大切にしているということです。社員やその家族を大切にする→残業時間を減らす→業務効率を図る。何のために制度を構築するのか、本来の目的は何なのか忘れてはいけません。

あとがき

　過重労働を引き起こす様々な問題が、今クローズアップされてきています。
　その背景には少子高齢化がもたらす労働人口の減少、在職者の高齢者親族への介護支援の必要性、生き残りの為に経済合理性を求める企業、急速に変わりゆく時代等々が存在し、企業にも存続をかけての大変な時を迎えています。
　会社とそこに働く社員との間では、本来相互の目指す道は共通しているはずです。
　しかし企業が短期的な営利を目的にした場合、社員にとっての負担は過度なものとならざるを得ません。
　そこでは、企業と働く社員の関係性は長く安定的には続きません。
　昨今の離職率の高さは、「企業に対して信頼を持てない」という社員側からの声なき声とも捉えられます。
　事業内保育や多様な働き方等、国の求めている働き方改革は、企業に対し、組織で働く労働時間内の社員との関係性を重視するだけでなく、労働時間を超えて社員の生活基盤をも視野に入れて環境整備を行う事、を求めています。
　企業規模によりその対処法、対応規模は違いがあって当然です。
　しかし全ての企業は、「今最大限出来ることを行うこと」を求められています。
　「人」とは企業にとって、その中心となるべく存在です。
　「人」の信頼を勝ち得て、最大限力を発揮してもらえる企業になれるか否かが、企業の生き残りには問われます。
　企業とそこに働く「人」の関係性を今一度見直す為に、様々な視点からアプローチを試みました。
　取り組む順番は問いません。
　まずできることから、出来る範囲で取り組もうとする「決意」を持つ事こそが最も大切です。

結果としてこの本が、今後の過重労働の問題解決に向けて一石を投じることが出来れば幸いです。

【著者紹介】

鷲澤　充代（ワシザワ　ミチヨ）　〈第1章〉
特定社会保険労務士・中小企業診断士
労務リスク、組織風土改革、モチベーションアップを強みとする。「月刊実務経営ニュース」、「月刊 信用金庫」に執筆。現千葉商科大学大学院客員教員。

梅谷　友子（ウメヤ　トモコ）　〈第7章、第9章〉
梅谷社会保険労務士事務所
特定社会保険労務士、産業カウンセラー。働き方改革やワークライフバランスの支援を複数機関と共に実施。著書に『経営者なら知っておきたい中小企業経営の基礎知識』(風詠社)。

岸本　力（キシモト　チカラ）　〈第2章〉
社会保険労務士法人リオ・パートナーズ　社会保険労務士
弁護士、司法書士、税理士、社会保険労務士の4法人で構成するリオ・パートナーズ総合事務所で人事労務分野のエキスパートとして活動。

木谷　典子（キタニ　ノリコ）　〈第4章〉
オフィス・キタニ代表
特定社会保険労務士。社会保険労務士事務所に6年間勤務後に開業。多業種にわたり、企業の人事労務管理の相談や社会保険諸法令の手続きを業務の柱としている。

曽布川　哲也（ソブカワ　テツヤ）　〈第8章〉
特定社会保険労務士
早稲田大学人間科学部eスクール教育コーチ。著書に社会保険労務士稲門会編「労働社会保障実務講義―社会保険労務士の仕事と役割―」（共著：早稲田大学出版部）。

田島　寛之（タジマ　ヒロユキ）　〈第3章〉
たじま法律事務所代表弁護士
第一東京弁護士会弁護士業務改革委員会第5部会（中小企業）委員。中小企業の経営者とその家族を守るがモットー
著書に「取締役の実務マニュアル」（新日本法規出版）。

平松　徹（ヒラマツ　トオル）　〈編集／第5章、第6章〉
㈱ソフィア代表取締役　社会保険労務士／中小企業診断士
LINEWIZBALL認定専門家（労働法）。マネジメント／労務管理／街づくりが専門。著書に「中小企業のための業務改善マニュアル」（週刊住宅新聞社）他。

> 【ダウンロード特典】
> すぐに使える！
> 本書内で解説している 36 協定の届け出書［フォーマット（一般と特別条項）と記載例］がダウンロードできます。
> 詳しくは、以下のページをご参照ください。
> https://www.doyukan.co.jp/store/item_054181.html

2019年5月30日　第1刷発行

働き方改革関連法対応！
弁護士・社労士・中小企業診断士が教える
労働総量削減のための制度＆業務改善戦略

　　　　　ⓒ著　者　グループフェニックス
　　　　　　　　　　鷲澤充代（代表）　梅谷友子　岸本　力
　　　　　　　　　　　木谷典子　曽布川哲也　田島寛之
　　　　　　　　　平松　徹（編著）
　　　　　発行者　脇坂康弘

発行所　株式会社 同友館
〒113-0033　東京都文京区本郷 3-38-1
TEL. 03(3813)3966
FAX. 03(3818)2774
https://www.doyukan.co.jp/

落丁・乱丁本はお取り替えいたします。　　　三美印刷／松村製本所
ISBN 978-4-496-05418-1　　　　　　　　　　Printed in Japan

> 本書の内容を無断で複写・複製（コピー）、引用することは、
> 特定の場合を除き、著作者・出版社の権利侵害となります。